しずおか
花の名所
200

静岡新聞社

もくじ

〔本書をご利用の前に…〕

◇本書では、花の見られる平均的な開花時期で12カ月ごとに分類しています。それぞれの花の見頃については、その年の天候等によって変わる場合がありますので、お出かけの際には、現地にお問い合わせください。

寄り道：近くにある観光施設など寄り道スポット

お土産：地域の特産品や銘菓などお土産におすすめの品

1 2 3月

Flower Guide

ヤブツバキ

マンサク

ヒカン桜

ウメ

アーモンド

ハクモクレン

枝垂れ梅

マーガレット

ワイルドフラワー

ワサビ

河津桜

ナノハナ

ハマダイコン

カタクリ

みなみの桜

ロウバイ

静岡市駿河区

丸子梅園

ここならではの珍種　希少種との出合い

梅若菜　丸子の宿の　とろろ汁　　芭蕉

東海道丸子宿辺りは古くから梅がたくさん植えられていたに違いない。ここ丸子梅園は、その歴史を継ぐのとは少し訳が違う。個人の趣味が高じて、自宅庭園を梅園として一般に公開するようになった。

国道1号線脇の日当たりのよい山すそに、屋敷の庭から山の斜面にかけて、所狭しとばかりに梅の木約800本が植わる。国内外から集めた珍しい梅が多く、その数340種類以上といい、種類の豊富さでは全国屈指の梅の名所だ。台閣梅、朝鮮梅、ヒマラヤ梅、そして日本の希少種など、普段あまり見かけない花が観賞できるのがうれしい。

名勝「吐月峰柴屋寺」や人気の「駿府匠宿」、それに名物のとろろ汁の店も近い。

静岡市駿河区北丸子2-39-15　地図 P137
開園／1月下旬～3月上旬（要問い合わせ）
入園料／大人500円、小～大学生400円
問／丸子梅園　📞054-259-8004
交通／東名静岡ICから6km　Pあり
静岡駅からバスで20分「丸子橋入口」下車

駿府匠宿、吐月峰柴屋寺

くまさん牧場のジェラート

浜松市北区細江町
長楽寺の梅のトンネル

石段を包み込む梅林

小堀遠州の満天星（どうだん）の庭で知られる古刹、長楽寺。まだ肌寒さの残る早春、甘い香りが旧姫街道の辺りからも感じられる。その正体は梅の花。

終戦後、寺の生き残りのために境内に植えられた梅がいま、多くの人の心をなごませている。

とりわけ、小高い観音堂跡に向かう石段両脇の梅の花のトンネルが圧巻。ミツバチの飛び交う花の下を一段一段歩を運ぶと、梅の頭越しに浜名湖の水面がまばゆい。

満天星の庭も是非見よう。回遊式庭園で植え込みの中を巡ることができる。

浜松市北区細江町気賀7953-1　地図 P139
花期／2月中旬～3月中旬　問／長楽寺　053-522-0478
入園料／拝観料300円（梅園は無料）　交通／東名三ケ日ICから7km　Pあり

気賀関所　細江のみそまん

富士市

岩本山公園の梅園

梅に富士山―絶好の撮影ポイント

富士山とのロケーションの良さが受けて、写真愛好家でここを知らない人はいないくらい。シーズン中は多くのカメラマンが集まる。晴れた日の景観は言葉を失うほどの美しさ。他県ではこういう絵にはならないだろう。

紅梅、白梅がおよそ390本。紅梅で幕が開き、白梅でクライマックスを迎える。

すぐ上に標高193mの展望台がある。富士山、南アルプス、眼下に富士川そして駿河湾、伊豆半島と360度の大パノラマが満喫できる。

富士市岩本字花木立1605　地図 P137
花期／1月下旬〜3月上旬
問／富士山観光交流ビューロー　0545-64-3776
交通／東名富士ICから10km　Pあり

実相寺、瑞林寺

富士山の湧水関連商品

静岡市葵区

洞慶院の梅園

市街地に近い梅の名所

昔から「おとうけんさん」と呼ばれ親しまれてきた曹洞宗の古刹、洞慶院。山に四方を囲まれた境内には何本かの杉の巨木が天を突くようにして立つ。

鐘楼の西側の開けた一帯が梅園。古木に代わって若木の花付きが見事だ。紅梅、白梅が入り交じり、低い位置からの眺めも楽しめる。鐘楼から全体を俯瞰するのもまた違う趣がある。

静岡市葵区羽鳥7-21-9
地図 P137
花期／2月中旬～3月上旬
問／洞慶院
054-278-9724
交通／東名静岡ICから9km、静岡駅からバス藁科線羽鳥下車徒歩25分

熱海市

熱海梅園

「日本一の早咲き」で有名

正月明けから梅まつりの各種イベントが始まり3月上旬まで続く。約1万2000坪の敷地に約730本、64品種が植わる。早咲き、中咲き、遅咲き種が順番に開花していき、長い花期を保つ。なだらかな南に面した丘の中央を初川が流れ、これに趣のある「梅園五橋」が架かる。上方には中山晋平記念館、散策路のあちらこちらに句碑や像が立つ。うぐいす笛の音、人の多さ、イベントなどで、さすが〝観光地熱海〟のにぎわい。

熱海市梅園町1169-1　地図 P136
花期／1月中旬から3月中旬
問／熱海市観光協会　0557-85-2222
交通／東名沼津ICから熱函道路経由28km
JR来宮駅から徒歩7分　Pあり（有料）

磐田市

豊岡梅園

広さ、本数とも県内最大

丘陵地に広がるおびただしい数の梅の木。高台から見ると整然と、しかも樹形はどれも末広がりで、低く整えられている。

南高（なんこう）、古城（こじろ）、改良内田などの白梅を中心に、13ヘクタールの敷地に４０００本が植えられている。花見のためではなく梅酒用の梅の実を収穫するのが本来の目的で、昭和42年に植樹されたそうだ。花の時期だけ一般に開放、春の到来を心行くまで感じさせてくれる。

磐田市上野部1989-1
地図 P139
花期／1月末か2月上旬頃～3月上旬
入園料／大人500円、
小・中学生100円
問／豊岡梅園
☎0539-62-2666
交通／東名磐田ICから15km
Pあり

伊豆市

修善寺梅林

梅まつりや茶室も楽しみ

梅林へは温泉街からも歩いて行けるが、マイカーの場合は駐車場の関係で、「虹の郷」の東隣から入ることになる。丘陵地に広がる梅林は約3ヘクタールで、紅・白梅が３０００本と言われる。古木が目立つ中、奥まった所の一群の花付きが良い。

梅の観賞も人それぞれ。古木に咲くわずかな花を愛でる人もいよう。「梅はつぼみより香る」ともいわれる。花は小さくても香りは他に劣らないようだ。散策路には文学碑や茶室もある。

伊豆市修善寺大芝山　修善寺自然公園内
地図 P135
花期／1月末頃～3月上旬
問／伊豆市観光協会修善寺支部
☎0558-72-2501
交通／東名沼津ICから27km　Pあり（有料）

南伊豆町

伊浜に咲くマーガレット

冬の段々畑に咲く清純な花

濃い緑に純白の花は、青い海のカナリア諸島生まれ。けがれのない清純さがそのままに伝わる。名前はギリシヤ語のマルガリーテス（真珠）に由来し、花言葉は《恋占い》。ヨーロッパの少女たちには、一枚一枚花びらをちぎる恋占いの花として親しまれている。

霜の降りない南伊豆では花の栽培が盛んだが、マーガレットは西海岸の伊浜地区に集中する。一足早い花は、正月前後から出荷する。暖かい伊豆といえども、冬は西からの季節風が強い。海に面した日当たりの良い山の斜面の段々畑では、石積みした縁に沿ってカヤ草を植えて、風から花を守ってきた。しかし最近はほとんどがハウス栽培に変わった。子浦から雲見までの国道136号線は、通称マーガレットラインと呼ばれ段々畑がある。

賀茂郡南伊豆町伊浜地区、子浦地区
地図 P135
花期／1月下旬～3月
問／南伊豆町観光協会
0558-62-0141
交通／伊豆急下田駅からバス50分落居口下車、東名沼津ICから船原経由90km

波勝崎苑

イカの沖漬け

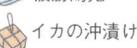

熱海市内各所

熱海のアタミザクラ

熱海市内　糸川周辺、熱海梅園ほか　地図 P136
花期／1月下旬〜2月中旬
問／熱海市花とみどり推進室　☎0557-86-6241
交通／〈糸川遊歩道〉熱海駅から徒歩15分

温暖な熱海で早春に咲くアタミザクラ。地元の老舗、古屋旅館の故内田勇次氏が大正時代に市内に広めたカンザクラの一種で、ソメイヨシノよりほのかにピンク色が濃い。糸川遊歩道や梅園橋付近、丹那神社前などに多く植えられている。港に近いサンレモ公園では夜間ライトアップも。昼間とは一味違う幻想的な表情が楽しめる。

静岡市駿河区

久能山東照宮のヒカンザクラ

緋寒桜と書くが、ヒガンザクラ（彼岸桜）と混同しないよう、最近はカンヒザクラ（寒緋桜）と呼ぶことも。平安時代、緋色は「思ひの色」といわれ、火も連想することから熱い思いを表現する色として使われたという。まだ寒い早春に、ガクまで花びらと同じ緋色に染めて、うつむき加減に咲く。散り際は花ごと落ちると聞くと、他の桜のような豪華さには欠けるが、どことなく愛おしさを覚える花。

静岡市駿河区根古屋390　地図 P137
花期／1月下旬〜3月
問／久能山東照宮　☎054-237-2438
交通／東名静岡ICから8km・清水ICから12km

伊東市

松川湖のロウバイ

中国原産。花弁は蜜蝋のような黄色で透明感がある。春にはまだ遠い1月、ウメよりも先にこの花の便りが届く。伊東・松川湖のほとり、ログハウスが建つ展望広場の近くにこの木がたくさん植えられている。平成10年に、地元ロータリークラブが結成20周年記念で植樹、数十本が斜面に根付いて「ろう梅広場」と呼ばれている。木はまだ若いが、小枝いっぱいに小さな黄色の花を咲かせる。蝋細工のような花からは、ふくいくたる香りが漂い、辺りを包む。

伊東市鎌田・荻　地図 P135　花期／1月〜2月
問／伊東観光協会　☎0557-37-6105
交通／JR伊東駅から6km　伊豆急南伊東駅から徒歩30分、東名沼津ICから国1、136号経由県道12号、中伊豆バイパス料金所すぐ　Pあり

南伊豆町

日野の菜の花

春風に揺れる黄色いカーペット

春は黄色の花から咲くといわれる通り、春を代表する植物の1つにあげられる菜の花。南伊豆町の玄関口、日野地区にも1月中旬から、一面の黄色いカーペットが広がる。10月、広さ約1万5000㎡もの広大な田んぼを地元農家の有志が耕し、一粒一粒ていねいに種まきをする。そして数カ月後、心和ませる花畑となって、道行く人の目を楽しませてくれる。

青野川沿いの河津桜も見ごろとなる2月には、下賀茂温泉郷で「みなみの桜と菜の花祭り」が開催される。祭りに合わせ、この花畑では「菜の花結婚式」が行われ、風物詩となっている。早咲きの河津桜と菜の花。写真愛好家にとっては、これぞ春といった風景を心ゆくまでカメラに収められる絶好のスポットだ。

賀茂郡南伊豆町湊 日野地区　地図 P135　花期／1月中旬～3月下旬
問／南伊豆町観光協会　☎0558-62-0141
交通／伊豆急下田駅から10km、下賀茂行きバスで25分　Pあり

足湯「湯の花」　漁協直売所の海産物

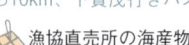

沼津市

井田の菜の花

花で描く井田の文字

元々、水田の裏作として菜の花栽培が行われていた井田地区。展望台から見下ろせる駿河湾、冠雪の富士山、菜の花畑の井田の花文字の3つの競演は、ここでしか見られない絶景。1月に開催される「菜の花まつり」では菜の花のお浸しや天ぷらなども振る舞われる。

沼津市井田地区　地図 P135
花期／1月～2月上旬
問／戸田観光協会　0558-94-3115
交通／東名沼津ICから県道戸田峠経由50km

掛川市

シオーネ西側の菜の花

季節で変わる名物花畑

平成10年、文化会館シオーネの開館と同時に、同館西側の2.3ヘクタールの農地に春は菜の花、夏はヒマワリ、秋はコスモスと季節の花を栽培。会館を訪れる人たちだけでなく、花目当てに訪れる多くの人を楽しませている。畑の中は、遊歩道も作られて自由に歩くことができる。

掛川市大坂　地図 P138
花期／3月中旬～4月中旬
問／掛川市文化会館シオーネ
0537-72-1234
交通／東名掛川ICから県道38号を南に9km

磐田市

桶ケ谷沼の菜の花

トンボの楽園が春の装い

国道1号の喧騒から数百mほど離れた場所にある周囲約1.7kmの桶ケ谷沼。ベッコウトンボに代表される国内の1／3の67種類が生息するトンボの楽園として有名だ。入り口一帯を埋め尽くす黄色い絨毯は、春の桶ケ谷沼の代名詞だ。野鳥の聖地としても知られ、観察小屋からバードウオッチングも楽しめる。

磐田市岩井桶ケ谷沼　地図 P138　花期／3月
問／磐田市観光協会　0538-33-1222
交通／東名磐田ICから4km、JR磐田駅から5km

昇竜しだれ梅

枝垂れ梅

掛川市、浜松市北区引佐町

早春の風に揺れる気品に満ちた梅

山内一豊ゆかりの龍尾神社。ここの花庭園では、14年前に植栽した苗木が見事に成長、平成12年から花の時期に合わせて一般公開している。庭園は約７０００m^2の広さで、紅、ピンク、白の枝垂れ梅10種類、約300本が咲き誇る。散策路が整備されており、小高い丘からは、日本初の本格木造復元がされた掛川城天守閣も一望できる。

同じく県西部、奥山高原の「とんまくの里」にある梅庭園は、全国的にも珍しい昇竜しだれ梅が見事。七段の滝が流れる流水庭園に植えられた梅は、竜が雲をつかみ天に昇る姿に似せて剪定され、勢いに満ちた独特の風情がある。最盛期には夜間ライトアップも行われる。

〔龍尾神社〕掛川市下西郷84　地図P138　開園／2月中旬～3月中旬　問／📞0537-23-0228
入園料／500円（中学生以上）　交通／東名掛川ICから3km　Pあり

〔とんまくの里〕浜松市北区引佐町奥山堂ノ上1736-1　地図P139　花期／2月下旬～3月下旬
問／奥山高原　📞053-543-0234　入園料／700円　交通／東名浜松西ICから20km　Pあり

龍尾神社の梅園

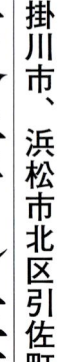

河津町

河津桜並木

早咲き・色・寿命は、桜の「優等生」

春まだ浅い2月上旬、河津川の河畔を濃いピンク色に染め始める河津桜。すっかり全国的に有名になり、開花時期の約1カ月間開かれる「河津桜まつり」の間だけで、100万人を優に超える観光客が訪れる。

早咲き、色の濃さ、花の寿命の長さなど、桜に似つかわしくない特徴を持つ。カンヒザクラとハヤザキオオシマザクラの自然交配種といわれ、この原木を河津駅から1km余の民家の庭先で見ることができる。

館橋から浜橋の桜並木は、河津川に映る菜の花と桜のコントラストが見事。夜には駅前、峰温泉、大滝温泉の各会場で夜桜がライトアップされ、幻想的な表情を見せる。

賀茂郡河津町田中　地図 P135
花期／2月上旬～3月上旬
問／河津町観光協会　☎0558-32-0290
交通／伊豆急河津駅から徒歩5分、東名沼津ICから60km　Pあり

豊泉の足湯処、伊豆オレンヂセンター

柑橘類の加工品、踊り子まんじゅう

南伊豆町

みなみの桜

ひと足早い南伊豆の春

さすが南伊豆の春は早い。2月中旬になると春の色に包まれはじめる。下賀茂温泉付近の青野川の両岸には、2㎞にわたって約800本の早咲きの桜が植えられている。河津桜と同種だが、こちらは「みなみの桜」と呼ぶ。

堤から川原になだらかに広がる斜面には菜の花が咲き乱れ、桜のピンク色とよく調和して、春の喜びを謳いあげているようだ。

緩やかに蛇行する川すじに沿って、花馬車が行ったり来たり。ゆったりと馬車に揺られて眺める桜の花は、また格別の美しさ。うららかな春の美しい風景に、まるでメルヘンの世界にいるような気分になる。

賀茂郡南伊豆町下賀茂温泉
地図 P135
花期／2月中旬～3月初旬
問／南伊豆町観光協会
☎0558-62-0141
交通／東名沼津ICから
国道414号経由90km

伊豆下田乗馬クラブ

大丸堂製菓のメロン最中

浜松市北区三ヶ日町

乎那《おな》の峯のマンサクと三ヶ日桜

奥浜名に春を告げる花

猪鼻湖西岸に延びる山並みの一角を「乎那の峯」と呼ぶ。ここはマンサクと三ヶ日桜で有名なところ。この裏山に群生するマンサクは高山植物で、ここのような暖かい地域に群生するのは珍しいそうだ。県の天然記念物に指定されている。

早春に先駆けて「まず咲く」が、なまってこの名が付いたとも、糸状の姿が豊年おどりを踊っている人に似ているから「満作」なのだとも言われる。

一方、春たけなわの4月中旬、ソメイヨシノより1週間くらい遅れて開花するのは三ヶ日桜。外観は八重桜似だが、品種的にはソメイヨシノに近く新品種として話題になった桜だ。

丸みを帯びた淡い紅白色をした花は何とも優美でボリューム感もある。付近には約100本が植えられ、一見の価値ありだ。

遊歩道をめぐると、頂近くに万葉の歌碑が立ち、一休みにちょうどいい東屋が。ここからは奥浜名湖が一望できる。

浜松市北区三ヶ日町鵺代地内
地図 P139
花期／マンサク…2月中旬～下旬
三ヶ日桜…4月上旬から中旬
問／浜松市北区三ヶ日地域自治センター
053-524-1112
交通／東名三ヶ日ICから7km　Pあり

大谷キャンプ場、
浜名湖フライトパーク

三ヶ日みかんを使った特産品
（プリン、みかん酢ドリンクなど）

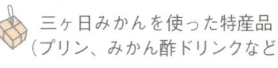

浜松市天竜区二俣町

栄林寺のハクモクレン

青空に映える ふっくらした純白の花

九州からやってきた僧侶・直伝玄賢が南北朝時代に開いた古刹・栄林寺。ここの境内にある樹齢300年のモクレンは、高さが15mもあろうか。春の彼岸の頃になると、見事なまでに、枝いっぱいに真っ白い花を付ける。

ふっくらと柔らかそうな花は、直径が10㎝以上あり、芳香が漂う。モクレンは、6枚の花びらを3枚のガクが下から支えているが、見た目にあまり違いがないので花びらが9枚あるように見える。それゆえ一層、優しげな表情を見せる。

寺ではほかに静岡市清水区興津の名刹・清見寺にも大樹がある。

浜松市天竜区二俣町二俣116　地図 P139
花期／3月中旬～3月下旬
問／栄林寺　053-925-2235
交通／東名浜松ICまたは磐田ICから15km
Pあり

秋野不矩美術館

遠州菓子処むらせやの「二俣城最中」

栄林寺

清見寺

並木では浜松市の萩丘・都田線沿道が有名。地元では通称「モクレン通り」と呼ばれ、三方原町から都田まで約８km も続く。

伊豆市

ワサビ

渓流育ちの可憐な花

静岡のワサビ栽培は、慶長年間からだというから歴史は古い。安倍川上流の有東木が発祥の地で、その後伊豆に移植され、今では天城山を中心に生産がさかんだ。

県道・伊東西伊豆線の中伊豆地区・筏場辺りには一面にワサビ田が広がる。間に樹木が点在するのは夏の日陰策のようだ。少し進んで林道との分岐点を入ると、山の斜面に段々畑が組まれ、そこを清水がワサビを縫うように流れ下る。

ワサビの根は知っていても、花は見たことがないという人が多い。そのはず、花は控えめで目立たない。3月から4月、白い小さな花を付ける。春まだ浅い山あいで、あまり人目にふれることもなく、水と時間だけが過ぎ去っていく。

伊豆市筏場　地図 P135　花期／3月～4月
問／伊豆市観光協会　☎0558-73-0001　交通／東名沼津ICから37km

島田市、浜松市天竜区

カタクリ

山野に舞い降りた妖精

かすかな風にも花を震わせるユリ科の野草。この花を近くで見ていると、バレリーナを連想する。うつむいて、薄紫色のドレスのすそをピンと上げた姿は、カーテンコールの仕草にも見える。

県内で野生のカタクリが見られる場所は限られる。茶祖・栄西禅師の像が立つ島田市金谷の牧之原公園には、約1万株が自生、市指定の天然記念物にもなっている。

また、標高2000m級の山々に抱かれた浜松市水窪町西浦の「カタクリの里」にも、約4万株が自生する。

〔牧之原公園〕島田市金谷　地図 P137　花期／3月下旬～4月上旬　問／島田市観光協会　℡0547-46-2844
交通／東名相良牧之原ICから国道473号で4km　Pあり

〔カタクリの里〕浜松市天竜区水窪町奥領家　地図P139　花期／3月下旬～4月上旬　問／浜松市水窪地域自治センター　℡053-982-0008　交通／水窪中心部から国道152号、市道水窪桂山線で9km　Pあり

浜松市北区

本坂峠のヤブツバキ

深紅が石畳に映える

愛知との県境、標高350mの地点に、姫街道で一番の難所・本坂峠がある。その東側に樹齢200年以上のヤブツバキの原生林がある。全長約150mに200本ぐらいはあろうか。街道に覆い被さった様はまるでトンネルのようだ。

ヤブツバキは日本在来の野生種で、庭木用の一般的なツバキよりも花は小さく地味。しかし花の終わり、石畳に深紅の花がぽたりと落ちた様子は、何ともいえない風情を醸し出す。ハイカーにとっては、山歩きの途中で花に癒される、ちょっとした名所となっている。

浜松市三ヶ日町本坂峠　地図 P139　花期／2月～3月
問／浜松市北区三ヶ日地域自治センター　℡053-524-1112
交通／国道362号を本坂トンネルに向かい西進。料金所手前から旧道へ2km　Pなし

浜松市北区都田町

はままつフルーツパークのアーモンド

国内最大級！ 春らんまん桃色の花園

もともと果樹農業が活発な都田地区。この地に平成8年にオープンしたはままつフルーツパークには、国内最大級のアーモンドの花園がある。

アーモンドというと日本では食用のイメージが強く、観賞花としては馴染みが薄い。しかしアメリカ、スペインなどでは美しい花が咲く作物として知られ、見頃には花見や祭りが催されるそうだ。

満開の3月下旬には、辺り一面が鮮やかなピンク色に染まる。開園当初から「桜や桃よりもきれい」と評判になったため本数を徐々に増やし、現

在は約800本が植えられている。

毎年見頃に合わせて開かれる「アーモンドフェスタ」では、アーモンドの風味を生かしたラーメンやコロッケ、デザートなどが登場し、人気を集めている。

また同じ時期にイチゴ園ではイチゴ狩りも楽しめる。

浜松市北区都田町4263-1　地図P139
花期／3月下旬～4月初旬
問／はままつフルーツパーク
053-428-5211
入園料／大人700円、小・中学生350円
交通／東名浜松西ICから北東の都田テクノ方面へ14km　Pあり

はままつフラワーパーク

アーモンドのクロワッサンやジェラート

松崎町

那賀地区のワイルドフラワー

色が変化する休耕田の花畑

「花とロマンの里」をスローガンにしている松崎町。大沢温泉から続く那賀川沿いの桜が有名だが、もう一つ、平成13年から春の風物詩となっているのが、広大なワイルドフラワーの花畑。

那賀バイパス沿いの農閑期の田んぼにまかれた6種類前後の花が、時期をずらして次々と咲く。

3月上旬、5ヘクタール以上の田んぼがアフリカキンセンカなどの黄色やオレンジ系の花で光り輝くのを皮切りに、パステル系の姫金魚草、水色系のルリカラクサと続く。4月中旬から5月にかけてヤグルマソウが花開く頃は、涼しげな薄紫色が一面を染め、3月頃とは一味違った美しさを見せる。

賀茂郡松崎町那賀地区　地図 P135　花期／3月上旬～5月上旬
問／松崎町企画観光課　☎0558-42-3964　交通／東名沼津ICから75km

道の駅「花の三聖苑」　永楽堂の「長八桜もち」

3月●ハマダイコン

南伊豆町

逢ケ浜のハマダイコン

全国でも希少な群生地

砂浜に育つのでハマダイコン。アブラナ科の2年草で食用ダイコンが野生化したものと言われている。3月半ば、海風にも春の気配を感じる頃になると、直径2.5㎝ほどの花を咲かせる。高さが30から70㎝あり、風に揺れると角度によっては淡い紅色にも、薄い紫色のようにも見える花だ。

昔は至るところで見られたそうだが、今は全国的にも群生地は珍しい。伊豆南部の海岸では所々に小さな群生があるが、弓ケ浜から逢ケ浜にかけては代表的な名所となっている。

食用には向かないが、地面の下に細長いダイコンができる。浜辺を散策する住民やウオーキングを楽しむ観光客に、春を告げるささやかな風物詩は、これからも守っていってあげたい。

賀茂郡南伊豆町湊 弓ケ浜、逢ケ浜近辺
地図 P135　花期／3月中旬～4月下旬
問／南伊豆町観光協会　☎0558-62-0141
交通／伊豆急行下田駅から国道136号を南に11km

タライ岬遊歩道、町営温泉銀の湯会館

南伊豆漁協の海産物

1・2・3月　その他の花だより

花	所在地	花期	問い合わせ先	
ヤブ椿	東伊豆町大川・大川自然椿園	1月下旬～3月	東伊豆町観光商工課	0557-95-6301
福寿草	熱海市伊豆山・姫の沢公園	1月下旬	姫の沢公園	0557-83-4995
ウメ	伊豆の国市大仁・大仁梅林	2月～3月上旬	大仁観光案内所	0558-76-1630
ウメ	裾野市須山・梅の里	3月～4月中旬	裾野市農林振興室	055-995-1823
ウメ	東伊豆町稲取・バイオパークの梅園	2月～3月上旬	伊豆バイオパーク	0557-95-3535
ウメ	牧之原市片浜・相良梅園	2月～3月上旬	相良梅園	0548-52-2546
ウメ	静岡市葵区・梅ヶ島梅園	3月中旬	静岡観光コンベンション協会	054-251-5880
伊太梅	島田市・伊太地区	2月中旬～3月上旬	島田市観光協会	0547-46-2844
枝垂れ花桃	下田市・蓮台寺温泉	3月下旬～4月初旬	下田市観光協会	0558-22-1531
サクラ	伊東市・伊豆高原桜並木	3月下旬	伊東観光協会	0557-37-6105
サクラ	御殿場市・御殿場高原時之栖	4月上旬	時之栖	0550-87-3700
サクラ	静岡市葵区・駿府公園	3月下旬～4月初旬	静岡観光コンベンション協会	054-251-5880
サクラ	牧之原市勝俣・勝間田川堤	3月下旬～4月初旬	牧之原市商工観光課	0548-53-2624
サクラ	掛川市大坂・大浜公園	3月下旬～4月初旬	掛川市商工観光課	0537-21-1149
サクラ	浜松市中区元城町・浜松城公園	3月下旬～4月初旬	浜松市観光交流課	053-457-2295

勝間田川堤のサクラとナノハナ（牧之原市）

蓮台寺温泉の枝垂れ花桃（下田市）

456月

Flower Guide

ハーブ

アガパンサス

バラ

ボタン

サクラ

ユリ

ハナショウブ

シャクナゲ

レンゲソウ

スイレン

アジサイ

アメリカジャスミン

ツツジ

オオキンケイギク

ジャカランダ

フジ

アカヤシオ

松崎町

那賀川沿いの桜

温泉と桜、このうえない贅沢

県道下田松崎線と並行して流れる那賀川。鮎釣りファンにも人気のこの川沿いに、6㎞にわたって桜並木が続く。河口近くから、道の駅「花の三聖苑」付近までソメイヨシノが約１２００本。つぼみがほころび始めると、辺りの風景を一気に桜色に染め上げる。

場所によっては桜の木の合間から、川原に下りることもできる。川べりには風に揺れる黄色い菜の花—。のどかで優しい里の春だ。

夜はライトアップされ、幻想的で艶めいた桜花が、昼間とは全く違う表情を見せる。

大沢温泉周辺にも桜は多い。枝々に桜を詠んだ句が書かれた短冊が吊り下げられ、風雅を添える。

花に温泉—このうえない贅沢に酔いしれる。

賀茂郡松崎町那賀地区、大沢温泉周辺　地図 P135　花期／3月下旬～4月上旬
問／松崎町観光協会　☎0558-42-0745
交通／東名沼津ICから伊豆中央道、修善寺道路、西伊豆バイパス、国道136号経由75km
松崎町漁協の海産物　梅月園の松かさ最中

富士宮市

富士桜自然墓地公園の桜

カメラマンが狙う富士山と桜

国道139号上井出インターを出て白糸の滝方向に進み、最初の信号を右折、案内板に従って富士山に向かって一直線に進む。大沢崩が眼前に大きく迫る。

その名のとおり、整然と区画された公園墓地だが、広大な園内は至れり尽くせりの感。食堂、売店のほかピクニック専用広場があるので、お弁当を広げてのんびりすることもできる。沿道や広場には約9000本の桜が植栽。高地ということもあって開花は平地より遅れるが、それだけに満を持して咲く花は誇らしげ。間近な富士山をバックにしての花見は、それはそれは…。

富士宮市上井出 2736-1　地図 P137　花期／4月下旬
問／富士桜自然墓地公園事務所　0544-54-1851
交通／富士宮駅からバスで60分、富士ICから22km　Pあり

富士ミルクランド　富士朝霧牛の乳製品

静岡市清水区

船越堤公園の桜

桜、富士、清水港の絶景
夜桜も見事

旧清水市が市制50周年を記念して整備したこの公園は、有度山の東端に位置し、清水港や富士山とのロケーションがよい。

なだらかな丘陵を上手に活かし、中央に広い階段を設け、緑いっぱいの植栽で、一年を通じて市民の憩いの場となっている。特に、4月の桜の季節は花見客で大にぎわい。夫池・婦池の2つの堤の周辺を中心に、約1000本の桜が咲く。ソメイヨシノのほかに枝垂れ桜、山桜…。花の違いを見つけながらの散策も楽しい。

中央の階段を上がっていくにつれて、見える景色が少しずつ変化する。

桜、清水港、富士山―さあ、あなたの感性でこの風景を切り取ってみては。

静岡市清水区 船越497　地図 P137
花期／4月上旬　問／静岡観光コンベンション協会　054-251-5880
交通／JR清水駅からバスで20分、東名清水ICから7km　Pあり

エスパルスドリームプラザ　追分ようかん

狩宿の下馬桜

源頼朝が富士の巻狩をした時、本陣を置いた井出館。その門前に「下馬桜」別名「駒止めの桜」がある。頼朝が愛馬をつないだ木と伝わり、推定樹齢は千年以上。国の特別天然記念物。学名を赤芽白花山桜と言い、赤い芽と白い花が同時に出るのが特徴。一時、枯死寸前の危機に遭ったが関係者の熱意で蘇らせたと聞いた。

富士宮市狩宿91　地図P137
花期／4月中旬
問／富士宮市観光協会
☎0544-27-5240
交通／東名富士ICから20km　Pあり

伊東・さくらの里

9月中旬から十月桜が咲き始め、兼六園桜、寒桜、染井吉野、一葉、松月、さらに5月に咲く佐野菊桜へ…8カ月という長期にわたって桜が楽しめる。ベストシーズンはやはり4月。大室山の山焼きが終わって間もない頃、ソメイヨシノ、大島桜、枝垂れ桜、八重桜などが次々と花開く。菜の花も咲き乱れ、一面の春景色。

伊東市富戸先原1317-4　地図P135
花期／ソメイヨシノは4月上旬～中旬
問／伊東観光協会
☎0557-37-6105
交通／東名沼津ICから中伊豆バイパス経由48km　Pあり

沼津・香貫山

頂からは、狩野川が大きな円を描いて駿河湾に流れ込む様子や、愛鷹山越しの富士山など、眺望が抜群。登り口はいくつかあるが、中腹の香陵台までは時間を要さない。ここには五重塔が建ち、花見をするのには一番の場所だ。ソメイヨシノ、山桜など40種以上約1万2000本が山全体に散在している。

沼津市上香貫　地図P136
花期／4月上旬
問／沼津市観光交流課
☎055-934-4747
交通／東名沼津ICから7km

三島・三嶋大社

三嶋大社は、源頼朝が源氏再興の旗挙げをしたことでも有名。総欅素木権現造りの重厚な社殿は、歴史の大舞台を語るにふさわしい構えをみせている。桜は、神池の水面に映る枝垂れ桜、参道両脇のソメイヨシノなどが、花の繚乱を繰り広げる。夜間はぼんぼりに明かりが灯され、夜桜見物の人でにぎわう。

三島市大宮町2-1-5　地図P136
花期／4月上旬
問／三嶋大社
☎055-975-0172
交通／東名沼津ICから8km
Pあり（有料）

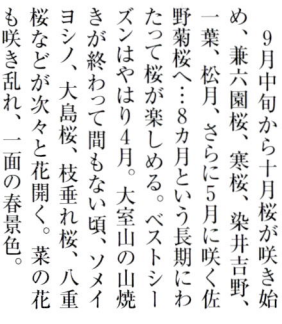

蒲原・御殿山

新蒲原駅付近から山側を見ると、白い雲に覆われたような所があるのに気づく。ソメイヨシノに大島桜が交ざるため白く映るようだ。麓の広場に立つと目前の山から桜がこぼれ落ちて来そう。遊歩道を上り、吊り橋を渡った所からの眺めは雄大だ。この季節、蒲原に来たらぜひ桜エビを。旬を伝える海からの贈り物だ。

静岡市清水区蒲原
地図P137
花期／4月上旬
問／静岡市蒲原事務所
☎054-385-7730
交通／JR新蒲原駅から徒歩10分

焼津・木屋川沿い

川そのものは小さい。桜並木が川の名を高めたようだ。地元青年会が植えたソメイヨシノが立派に育ち、1.5㎞ほどの川岸に約700本が並ぶ。桜がトンネルのように覆う川には屋形船が浮かび、満開の花の下、昼夜問わず宴が開かれる。やがて散る花びらは川面を被い、河口近くで大きく迂回して小川港へと流れていく。

焼津市田尻・すみれ台　地図P137
花期／4月上旬
問／焼津市観光協会
☎054-626-6266
交通／JR焼津駅からバス西松原団地前下車

掛川・御衣黄《ぎょいこう》

ソメイヨシノの大乱舞の後、後を継ぐように咲く八重桜。その多くが観賞用として改良されたもので色、形など豪華なものが主流。こうした中で珍しいのが御衣黄。平安貴族が好んだうぐいす色の気品ある装束に似ていることから、この名が付いた。緑のすじが黄緑色の花びらに入る。

大須賀支所近くに3本、三熊野神社にも3本植わる。

掛川市西大渕ほか
地図P138　花期／4月中旬
問／掛川市商工労働観光課
☎0537-21-1149
交通／東名掛川IC・袋井ICから20㎞

引佐・奥山公園

奥山方広寺入り口の奥山公園とその周辺に、1000本あまりが咲き誇る。ここでは公園横の池に架かる浮き桟橋から桜を見てみよう。水面に映る花は、たおやかさを増し、しばし橋の上に佇んで眺めていたくなる。

見頃に合わせて桜まつりが開催され、その期間中は園内や方広寺三重の塔がライトアップされる。

浜松市北区引佐町奥山公園　地図P139
花期／3月下旬～4月上旬
問／浜松市引佐町観光協会
☎053-542-1113
交通／東名浜松西ICから国道257号で19㎞　Pあり

島田市川根町

了玄の桜トンネル

桜吹雪を走り抜けるSLに出合える

県下有数の桜の名所として知られる川根町。圧巻は、鉄道沿いの国道に1kmにわたって植わる優美な桜トンネル。

だが、最近はSLと桜の組み合わせを想像する人の方が多いようだ。こちらは、近くの大鉄・家山駅手前の家山川鉄橋直前のカメラスポット。花の時期はSLマニアやカメラマンで、撮影ポイントの場所取りが大変だ。SLは臨時も出るが本数は少なく、チャンスは限られる。昔と違い、吐き出す煙もかなり控えめになった。桜まつりでは各種露店も並び、近くには池や公園、広場などの見どころが豊富。露天風呂からSLの勇姿が眺められる川根温泉ふれあいの湯も人気だ。

島田市川根町家山　地図 P137　花期／4月上旬
問／島田市観光協会川根支所　☎0547-53-2220
交通／相良牧之原ICから国道473号で28km　Pあり

野守の池、たいやきや　マルイエ醤油の田舎味噌、醤油

枝《し》垂《だ》れ桜

桜、桃など春の代名詞ともいえる花のなかでも、「枝垂れ」は格別に趣がある。薄桃色の花が無数についた枝が、春風にゆらりと揺れる様子を眺めているだけで、優しい気持ちになれるから不思議だ。

伊豆市小下田　地図P135　花期／4月上旬～中旬
問／最福寺　℡0558-99-0101
交通／東名沼津ICから57km

伊豆市

最福寺の枝垂れ桜

平成13年に新品種に認められた枝垂れ桜。ピンポン玉大の花が20～30個密集して咲き、ソフトボールほどの大きさの花の塊をつくる。

下田市

報本寺の枝垂れ桜

加増野にある報本寺の枝垂れ桜は下田市指定天然記念物。樹高13m、根回り約2.5mで、枝の広がりは20mほど。ライトアップされた夜も艶やかで一見の価値がある。

下田市加増野　地図P135　花期／3月下旬～4月上旬
問／下田市観光協会　℡0558-22-1531
交通／伊豆急下田駅からバスで25分

島田市大草　地図P137　花期／3月下旬
問／島田市観光協会　℡0547-46-2844
交通／藤枝バイパス野田ICから2km

島田市

慶寿寺の枝垂れ桜

駿河守護職となった今川範氏が、父範国の遺徳などに感謝して植えた桜で「孝養桜」とも呼ばれる。静岡県の天然記念物に指定されている。

富士市浮島のレンゲソウ

富士市、下田市

浮島、大賀茂のレンゲソウ

絵になる理想のレンゲ畑

春の田んぼを濃いピンクのカーペットに変えるレンゲソウ。かつてはどこにでもあったのどかな春の風景も、今ではなかなかお目にかかれない。近年は一部の休耕田に観光用に種をまく程度だ。そんな中で、富士市浮島のレンゲ畑は一押し。レンゲ畑に新幹線、そして富士山。新幹線沿線も、防音壁で囲われて絵にならない所が大半だが、文句なしの花景色が広がる。

下田市の県道下田南伊豆線沿い、大賀茂地区にも見事な花畑が広がる。毎年レンゲ祭が開催され、空にたなびく鯉のぼりの下でワラビやフキ、タケノコの特売などのイベントが開かれる。

〔富士市〕富士市浮島　地図 P136
花期／4月中旬
問／富士山観光交流ビューロー　☎0545-64-3776
交通／東名富士ICから8km

〔下田市〕下田市大賀茂　地図 P135
花期／4月下旬
問／下田市観光協会　☎0558-22-1531
交通／下田市街から県道下田南伊豆線で8分

島田市

どうだん原のドウダンツツジ

満天星と書く白花 紅葉も見事

古刹・智満寺のある千葉山の尾根づたいのハイキングコースに「どうだん原」と呼ばれるドウダンツツジの群生地がある。赤松林の中に、大きなものは高さ4~5mの木が群がる。

4月下旬、柔らかな新緑の小葉とともに、スズランに似た白い小さな釣鐘状の花を枝いっぱいに付ける。枝を揺らすと小さな鈴の音が聞こえてきそうだ。「満天星躑躅」(どうだんつつじ)の字のごとく、夜空に広がる小さな星の集まりのようにも見え、付近一帯で8000本以上が群生していると言われている。秋の紅葉も見応えがあり、多くの人が訪れる。

島田市千葉　地図 P137　花期／4月中旬
問／島田市観光協会　0547-46-2844
交通／智満寺経由で「スカイペンション・どうだん」まで車。そこから徒歩15分

千葉山・智満寺

清水屋の小饅頭・黒大奴

伊東市

小室山公園のツツジ

緑に映える原色のパッチワーク

伊豆急川奈駅の南、小室山（標高321m）の麓に広がる緑豊かな公園は、総合グラウンドをはさんでつつじ園とつばき園に分かれる。

観光リフトに近い一帯は、4月下旬からゴールデンウイーク頃にかけて10万本のツツジが赤やピンクに染める。品種は紅霧島、宮城野、伊豆の輝き、キリン、おおむらさきなど40種類も。丸く丁寧に刈り込まれた樹形が緑の植え込みの中で、パッチワーク模様を描く。その間の散策路は自由に巡り歩くことができ、ツツジを思う存分堪能できる。

リフトで展望台に上がると青い海に浮かぶ伊豆七島や、背後には富士山や天城山が手に取るように見渡せる。

伊東市川奈1260-1（小室山管理事務所）　地図 P135　花期／4月下旬～5月上旬
問／伊東観光協会　☎0557-37-6105
交通／JR伊東駅からバス20分、伊豆急川奈駅から徒歩15分、東名沼津ICから中伊豆バイパス経由48km　Pあり（GWのつつじ祭り期間中は有料）

伊東マリンタウン、東海館　ぐり茶、みかん100%のジュース

姫の沢公園のツツジ

相模湾を見下ろす高台に広がる総合自然公園。桜、シャクナゲ、アジサイ、ツバキなどが千万本単位で植えられ、いつ訪れても花が出迎えてくれる。とりわけヒメノサワの花文字が浮かび上がるツツジが圧巻。7万本以上と言われ、斜面を真っ赤に染める。好みの散策コースを選んで軽く汗を流すのも気持ちがいい。

熱海市伊豆山字姫の沢　地図P136
花期／4月下旬～5月上旬
問／姫の沢公園管理事務所
☎0557-83-4995
交通／東名沼津ICから26km（三島から熱函道路経由が近道）Pあり

猪之頭のミツバツツジ

県営養鱒場近く、県道沿いの個人宅の庭先で、広げた枝いっぱいにピンク色の花をつける。樹齢約600年で県指定天然記念物。一本だが、その大きさ、高さは国内最大級。毛無山の中腹からカラフルなパラグライダーが上空を舞うが、それに負けじと枝を広げているよう。標高の高い山麓の春は、この花とともに本格化する。

富士宮市猪之頭　地図P137
花期／4月中旬
問／富士宮市観光協会
☎0544-27-5240
交通／富士ICから25km　臨時Pあり（花期のみ）

十里木のアシタカツツジ

アシタカツツジは裾野市の花。愛鷹山の越前岳で発見され、日本の植物学の父、牧野富太郎博士の命名。愛鷹山や天子ケ岳にしか自生しない珍しいツツジだ。群落は十里木高原の別荘地に隣接した2ヘクタールの山林内にある。駐車場から10分ほど、杉林を抜けると鮮やかなピンク色の群落が出迎えてくれる。

裾野市須山十里木　地図P136
花期／5月中旬～6月下旬
問／裾野市商工観光室
☎055-995-1825
交通／東名裾野ICから12km　Pあり

駿府公園中堀のツツジ

駿府城天守閣は外堀、中堀、内堀の三重の堀で守られていた。内堀は明治期に埋め立てられ、いま一部が掘り返されている。

県庁前の外堀の石垣の上や中堀周辺では、県花に指定されているツツジが桜に代わって彩りを添える。特に中堀の中央体育館寄りの法面は見ごたえ十分。放し飼いの白鳥も花を楽しみに泳ぎ回る。

静岡市葵区追手町　地図P137
花期／4月中旬～下旬
問／静岡観光コンベンション協会
☎054-251-5880
交通／JR静岡駅から徒歩10分

勝間田公園のミヤマツツジ

九州から中部地方まで分布し、勝間田山はこの北限に位置する。100m足らずの高台に県の天然記念物に指定されている自生大群落がある。高さ約３ｍ、根株20本以上のものが１０００株以上もあると言われ、植生の密度も高い。見ごろには辺りが紅紫色に際立ち、夢の世界のような美しさ。

牧之原市静谷　地図P137
花期／4月中旬
問／牧之原市観光協会
☎0548-22-5600
交通／東名吉田ICから8km、相良牧之原ICから6km　Pあり

つつじ公園のツツジ

東海随一の学問の神様を祭る見付天神の裏山一帯に広がる公園。春には桜、そして4月中旬からは30種３５００株のツツジが華やかに咲き、若葉がみずみずしい桜の周辺を飾り立てる。

大きなものは株の高さが人の背丈以上もあり、脇道に入ると迷路のようだ。

磐田市見付　地図P138
花期／4月中旬～下旬
問／磐田市観光協会
☎0538-33-1222
交通／東名磐田ICから2.5km　Pあり

蕎麦粒山のシロヤシオ

ツツジ科の花。敬宮愛子さまのお印がこの花で知名度が高まった。ゴヨウツツジともいうが、これは枝先に5枚の葉が輪生することから。山地の岩場に多く、人目に触れる事が少ない。５月下旬、新葉とともに枝先に３、４cmの白い花を付ける。蕎麦粒山のハイキングコースの北側で群生が見られる。

榛原郡川根本町　地図P138
花期／5月下旬～6月上旬
問／川根本町まちづくり観光協会
☎0547-59-2746
交通／国道362号から林道南赤石線で山伏段まで車、山小屋駐車場から徒歩

渋川つつじ公園のシブカワツツジ

県指定天然記念物で別名ジングウツツジ。蛇紋岩地帯にのみ群生し、この付近のほかは旧天竜市と愛知県旧鳳来町と三重県伊勢市にしかない希少な植物。葉が3枚ずつ輪生し、花も同様に3輪ずつ咲くミツバツツジの仲間。この辺りには約10万株が植生するといわれ、公園付近には約２０００株が植わる。

浜松市北区引佐町渋川　地図P139
花期／5月中旬～6月上旬
問／浜松観光コンベンションビューロー
☎053-458-0011
交通／東名浜松ICから国道257号で28km

岩岳山

浜松市天竜区春野町、川根本町

アカヤシオ

春の深山に舞うチョウ

天空に乱舞するチョウの群れのような花を見たければ、足を使うほかない。淡桃色の大型の花は、夢心地に誘う。

岩岳山

浜松市天竜区春野町 地図P138

京丸牡丹伝説で知られる京丸の里。ここを見下ろすようにそびえる岩岳山（１３６９ｍ）の山頂付近一帯はアカヤシオ群生地として国の天然記念物に指定されている。樹齢数百年という古木が大半。登山道は周遊コースにもなっている。

大札山

榛原郡川根本町 地図P137

奥大井県立自然公園内の大札山（１３７４ｍ）も有名だ。林道南赤石線の途中、駐車場からハイキングコースを約30分、頂上付近一帯に群生する。特に頂付近から北側に抜けるコースの途中が見事。よく整備された道で安心して歩ける。

〔岩岳山〕花期／4月下旬
問／春野観光協会　053-989-0182

〔大札山〕花期／4月下旬〜5月上旬
問／川根本町まちづくり観光協会
0547-59-2746

大札山

可睡斎ぼたん苑

静居寺

〔可睡斎ぼたん苑〕袋井市久能2915-1　地図 P138
花期／4月中旬～5月下旬　問／☎0538-42-2121
入園料／中学生以上500円、小学生300円
交通／東名袋井ICから2km　Pあり（有料）

〔静居寺〕島田市伊太3083　地図P137
花期／4月中旬～下旬　問／0547-37-2305
交通／東名吉田ICから10km　Pあり

袋井市、島田市

ボタン

豪華で繊細な「花王」

花言葉は「富貴」、「恥じらい」。中国では「花王」、「百花の王」とも呼ぶ。今でも豪華さでこの花の右に出るものはない。ふんわりと柔らかい和紙のような花びらは少しの風にも揺れて、はかなげな印象。色は白、桃色、紫、黄色などバラエティーに富む。

可睡斎ぼたん苑

山門を入って左手奥にあるぼたん苑は、なだらかな傾斜に花壇風に植栽されている。花の大きなボタンは風雨や暑さに弱いので、品格の高い花は、木陰や軒先に置かれていることが多い。近くで売っている名物ぼたんもちも、ぜひ味わいたい。

静居《じょうこ》寺

曹洞宗の名刹で静居寺伽藍6棟と惣門は県指定文化財だ。楼門前の長い参道沿いに、約100株のボタンが咲く。境内をゆっくり歩きながら、あでやかな花を心行くまで堪能できる。

伊豆市
天城グリーンガーデンのシャクナゲ
本場で〝花の女王〟に合う

天城山中に多い花。それもそのはず、アマギシャクナゲはここの生まれ。咲き出しピンクで後に白色、美しさでは折り紙つきで天城山縦走路の群生地は有名だ。

誰でも気軽に行ける〝群生地〟は道の駅「天城越え」の向かい側、天城グリーンガーデン。原種、交配種などさまざまな色、形のものが1万株以上植栽されている。

シャクナゲとツツジの違いは？　いずれもツツジ科ツツジ属。シャクナゲは常緑で葉が厚く光沢があり、木も花も大ぶり。

ほかに群落で県の天然記念物に指定されている所に、浜松市佐久間町浦川と同市龍山町瀬尻（いずれもホソバシャクナゲ）がある。

伊豆市湯ケ島892-6　地図 P135
花期／4月中旬～6月上旬　問／昭和の森会館　☎0558-85-1110
交通／東名沼津ICから40km　Pあり

湯の国会館、竹の子かあさんの店　わさび漬け、しいたけ

静岡市駿河区

丸子川のイペー

カナリア色のブラジル国花

ゴールデンウイークの頃、丸子川の土手沿いをのんびり散策してみよう。川が大きく蛇行する丸子南団地辺りに来ると、遠目にもはっきりと分かるカナリア色の花を付けた何本かの小木に出合う。

　ブラジル原産で国花でもあるイペーの花。花の形はトランペットにも似ている。それにしてもこの黄色は青空になんと映えることか。ブラジルのサッカーチームのユニホームも確かこの色だ。近くの人が丹精して、種子から幼木を殖やし、土手沿いに植えてきたものと聞いた。

静岡市駿河区丸子
地図 P137
花期／4月末～5月上旬
交通／JR静岡駅からバス
丸子3丁目下車徒歩5分

掛川市

大尾山のカイドウ

中国では美人の代名詞

掛川市内で最も標高が高く、ハイキングコースにもなっている大尾山。山頂の顕光寺には、樹齢約150年とも伝えられる海棠（カイドウ）の大木があり、市の保存樹木に指定されている。カイドウはバラ科リンゴ属。中国ではボタンの次に好まれて、美人を例える花らしい。

　春、さくらんぼのように垂れ下がる桃紅色の花が咲く。寺には鳥居杉とよばれる樹齢１２００年余の杉もあり、県指定の天然記念物とされている。

掛川市居尻482　地図 P138　花期／4月中旬～下旬
問／掛川市商工労働観光課　☎0537-21-1149
交通／東名掛川ICから20km

沼津市

戸田のアブラギリ

日本一の群生　雪化粧のような花

戸田―井田間の県道17号沿いに日本一の群生がある油桐（アブラギリ）は、中国原産の落葉高木。初夏になると、白く小さな五弁花を咲かせる。昔はその種から採れる油を灯明の燃料や雨傘の防水、塗料などに利用するために全国各地に植えられていたが、明治中頃、石油ランプが登場してからはすっかり木の数が少なくなった。

満開時は一帯が白い花で覆われる。まるで雪が降った後のように見えることから、群生が多くある台湾では「五月雪」とも呼ばれている。

沼津市戸田―井田間
地図P135
花期／5月中旬～6月中旬
問／戸田観光協会
☎0558-94-3115
交通／東名沼津ICから50km

清水町、三島市

ミシマバイカモ

清流に咲く梅形の白花

キンポウゲ科の水中植物で県の天然記念物。梅の花に似た白い花が咲く。バイカモの種類は北日本などの寒冷地で育つので、三島のように温暖な低地で育つのは珍しい。水の汚染に敏感で、清流のバロメーターとも。昭和5年に市内の楽寿園で発見され、三島梅花藻と名付けられた。90年代に地元の自然保護団体等の協力で、柿田川に自生するミシマバイカモを三島市内の「三島梅花藻の里」に移植。育てたものは地元の川などに植える取り組みが行われている。

〔柿田川公園〕
駿東郡清水町伏見71-7
地図 P136
問／清水町都市計画課
☎055-981-8224

〔三島梅花藻の里〕
三島市中田町
地図 P136
花期／5月～9月
問／三島市観光協会
☎055-971-5000

下田市

了仙寺のアメリカジャスミン

歴史の舞台に咲く茉莉花

米国使節ペリーと江戸幕府との間で取り交わした下田条約を調印した場所で有名な了仙寺。本堂の扁額の奥には、その時の様子を描いた額が飾られている。

ここはアメリカジャスミンの寺としても知られる。50年前から育て始め、今では境内からペリーロードにかけて1000株が花を付ける。

正しくは「ニオイバンマツリ」で、その名の通り香りが強い。バンは外国の意の蕃、マツリはジャスミン属のマツリカ（茉莉花）で中南米原産。花は一般にいうジャスミンの白花とは違い、咲きはじめは紫色なのが、淡い藤色、そして次第に白へと変わってゆく。

境内に隣接して了仙寺博物館があり、黒船来航絵巻などのコレクションを見学できる。

下田市3丁目12-12　地図 P135
花期／5月中旬　問／了仙寺　☎0558-22-0657
交通／伊豆急下田駅から徒歩10分、東名沼津ICから76km

ペリーロード、風待工房　石亀水産の天日干しヒモノ

伊東市ほか

ミカン

気品ある香り、清楚な花姿

童謡「みかんの花咲く丘」の歌詞は、伊東市の海岸沿いにあるミカン畑をイメージしたもの。宇佐美の海が見える高台に歌碑が立つ。

5月、新緑の葉先に白い5弁花が付く。小さな姿に気づかずとも、優雅に漂ってくる香りが開花を知らせてくれる。

文化勲章はこの橘の花を形どったもの。静岡市の駿府公園には「家康お手植えのみかん」の木がある。このミカンには種がある。江戸時代には訳あって、種ありがもてはやされた。

伊東市宇佐美　地図 P135
花期／5月上旬
交通／東名沼津ICから
県道沼津伊東線で34km

静岡市葵区

城北公園のヒトツバタゴ

通称「なんじゃもんじゃ」

公園内の花時計の周辺に植わる「なんじゃもんじゃ」。東京・明治神宮外苑から譲り受けたもので、正式名称はヒトツバタゴ。水戸黄門が参勤交代の途中、下総の神社に参拝の折、社殿横の御神木を見て「この木はなんじゃ」とたずねた。土地の人は聞き取れず「なんじゃもんじゃ」と聞き返したのを、黄門様が木の名前と思い込んだ、という故事が名前のいわれらしい。5月初め、新しい枝先に細い四裂した白い花が咲く。

静岡市葵区大岩本町　地図 P137
花期／5月初旬
交通／JR静岡駅からバス15分

磐田市

行興寺・熊野《ゆや》の 長フジ

国指定の天然記念物

いかんせん都の春も惜しけれど
なれし東の花やちるらん

この和歌は、熊野御前が清水の花見の宴で詠んだもの。京に上ったまま、病の老母の元に帰してもらえぬ御前の胸中は察して余りある。平宗盛の寵愛を受け、謡曲「熊野」で有名な熊野御前の墓がこの寺にある。5月3日の命日の頃、ちょうどフジは満開を迎え「長藤まつり」も開催される。

御前手植えと伝わるフジは、国指定の天然記念物。このほかにも県指定が5本ある。フジは長命と聞くが、さすが推定樹齢800年を生き抜いた幹には、風格が感じられる。長いものは1.5mにもなる房を垂らし、甘い香りを一面に漂わす。

磐田市池田330　地図 P139　花期／4月下旬〜5月上旬
問／磐田市観光協会　0538-33-1222
交通／東名磐田ICから7.5km（まつり期間中はJR豊田町駅からバスあり）
池田の渡し歴史風景館　銘菓「ふじもなか」

藤枝市

蓮華寺池公園のフジ

県内屈指の名所

藤枝市の市花はもちろんフジ。スポーツでもイベントでも藤色を好む。その花の代名詞的存在なのが、蓮華寺池公園。池の周囲1.5kmを中心に、百数十本が植えられた素晴らしい藤棚には、しばし見入ってしまう。ほかにサクラ、ツツジ、梅、菖蒲、ハスなども植栽され四季ごとに様々な花が楽しめる。池のボートやアスレチック広場、ジャンボ滑り台などは家族連れにも人気だ。

藤枝市若王子　地図 P137
花期／4月下旬～5月上旬
問／藤枝市観光協会　054-645-2500
交通／東名焼津ICから6km　Pあり

静岡市清水区、藤枝市

白フジ

楚々とした美しさ

紫色にはない清々しさが白フジにはある。父、徳川家康から自刃を迫られた長男信康の遺髪が納められる清水区の江浄寺。ここでは幅10mの藤棚に、5月初旬頃から白フジが真っ白い滝のように咲く。

ハイキングで知られる藤枝市北方の白藤の滝駐車場付近では5月初旬に「白藤まつり」が開かれる。開花は蓮華寺池公園より1週間ほど遅いそうだ。

江浄寺

〔江浄寺〕静岡市清水区江尻東　地図P137
花期／5月初旬　問／0543-66-5563

〔白藤の滝〕藤枝市北方　地図P137
花期／5月初旬　問／藤枝市観光協会　054-645-2500

牧之原市

東光寺の長フジ

熊野の長藤と縁戚関係

ここのフジは行興寺にある「熊野（ゆや）の長藤」と縁戚関係にある。大正時代、寺の住職が入山記念に行興寺の長藤の一枝を境内の山フジに接ぎ木した。それが大樹に成長し、住職亡き後は地元の保存会が大切に育てている。

毎年、棚いっぱいに枝を広げ、熊野に負けじと甘美な香りを漂わす。4月下旬からは長藤まつりも開かれる。熊野御前の親を思う心に始まったフジは地域の人の心を結びつけ、さらに見る人の心の中へと伸びていくに違いない。

牧之原市静波2587-1　地図 P138
花期／4月下旬～5月上旬
問／東光寺長藤保存会　☎0548-22-6580（祭り期間中）
交通／東名吉田ICから9km　Pあり（祭り期間中）

富士宮市

大石寺下之坊のフジ

華やかな八重咲きの「黒龍」

日蓮宗の開祖、日蓮の高弟日興にゆかりがあり、大石寺の南約1.5kmの閑静な場所にある。このフジは濃い紫色の花に特徴がある。木の名札を見るとその多くが「黒龍」。黒龍は現存するフジのなかでは唯一の八重咲き種で、濃い紫色の花が玉咲きになり、香りが一段と強い。

4月下旬から5月初旬には、回廊風に長く続く藤棚が、なかなかの見ごたえ。天気がよければ藤棚越しに富士山も眺められる。

富士宮市下条2021　地図 P137
花期／4月下旬～5月上旬
問／大石寺下之坊　☎0544-58-0144
交通／東名富士ICから18km　Pあり

伊東市

林泉寺のフジ

樹齢200年以上の天然記念物

中伊豆バイパスから一碧湖方面への道すじにある曹洞宗の寺。伊東七福神めぐりの福禄寿を祭る寺としても知られる。本堂前には大きな藤棚が2つあるが、樹齢300年以上の大木で、県の天然記念物に指定されている。根元には六地蔵がしっかりと藤棚を見守っている。幹が絡み合うようにねじれ、棚に枝を這わせる。5月初め1m以上の房を垂らし、爽やかな風に揺れる。

伊東市荻90　地図 P135　花期／4月末～5月上旬
問／伊東観光協会　☎0557-37-6105
交通／東名沼津ICから43km　Pあり

河津町

河津バガテル公園のバラ

パリのガーデンを忠実に再現

伊豆急河津駅北西の丘陵地にあるバラの園。パリ・バガテル公園のローズガーデンをそのままに再現し、約1100種、6000本のバラが優雅に咲き競う。小高いキオスク（東屋）に立つと、天城の山並みを背景に整然と区画された幾何学模様のバラ園を一望

伊豆の踊子

カンパイ

アップルブロッサム

トリコロール ドゥ フランドル

ブルーバユー

カフェ

シロモッコウ

イル ド フランス

カトリーヌ ドヌーブ

キモノ

マサコ

ジュビレ デュ プリンス ドゥ モナコ

できる。

開園記念にパリ市から贈られたシンボル的バラは、その名も「伊豆の踊子」。園内でひときわ目を引く黄色いバラだ。ほかに人気のオールド系やイングリッシュ系など貴重な品種も多い。フランス広場周辺には、工房やショップ、レストランがある。町内の日帰り温泉施設や花菖蒲園とのお得なセット券もあるのでぜひ利用したい。

賀茂郡河津町峰1073　地図 P135
花期／春バラ5～6月、秋バラ10～11月
問／河津バガテル公園　0558-34-2200
交通／伊豆急河津駅からワンコインバスあり。東名沼津ICから62km　Pあり
入園料／大人1000円

踊り子温泉会館、サンシップ今井浜

バラグッズ、バラの苗

島田市

ばらの丘公園のバラ

春と秋に「バラの丘フェスタ」

濃厚な赤が印象的な「ミス・シマダ」、浜名湖花博で話題をさらった青いバラ「ブルーヘブン」、黄色から赤に花の色が変わる「絵日傘」など…。バラの花一色の花園だけに、密度が濃く、世界各地の350種8700株が植栽されている。視界のよい南面の斜面に段差を生かして種類、色ごとに植えられているほか、円形バラ園、トンネル温室などの工夫を凝らした花園も。いろいろな角度から花の表情を堪能できるので、お気に入りのバラを探しながら、散策するのもおすすめ。

また、「サブレ風薔薇まんじゅう」などのお菓子や小物などを扱うショップやレストランもある。

島田市野田1652-1　地図 P137　花期／春5～6月、秋10～11月
問／島田市ばらの丘公園　0547-37-0505
交通／JR島田駅から2.5km　国1バイパス野田ICから1km　Pあり
入園料／5～11月＝300円（小・中学生150円）12～4月＝200円（小・中学生100円）、団体割引あり

大井川川越遺跡、加工体験施設やまゆり

バラのソフトクリーム、バラのジャム

浜松市西区

はままつフラワーパーク

個性的なバラ園にリニューアル

人気のバラ園を全面的にリニューアルオープン。伝統的デザインの整形ガーデンやナチュラルガーデン、話題の「青いバラ」25品種を集めた青いバラの小径など、ここでしか見られない工夫をこらした。日本の皇室、世界の王室にゆかりのあるバラで彩るインペリアル・ローズコーナーを歩けば、優雅な気分に浸れそう。

浜松市西区舘山寺町195　地図 P139　花期／5月中旬～6月上旬、10月下旬～11月中旬
問／はままつフラワーパーク　☎053-487-0511　入園料／大人800円、小中学生350円（団体割引等あり）　交通／東名浜松西ICから6km、浜松駅から「かんざんじ温泉行き」バス40分　Pあり（有料）

富士市

広見公園

バラと富士のベストショット

「富士にかかるバラの虹」をテーマにしたバラ花壇が平成15年に完成。晴れた日には鮮やかなバラの合間に、雄大な富士山というベストショットが撮れるかもしれない。

富士市オリジナル品種のバラ「かぐや富士」をはじめ、「エバーゴールド」「ピンクパンサー」など約２０００株が植えられている。園内には市立博物館と歴史民俗資料館もある。

富士市伝法　地図 P136　花期／5月、10月
問／富士市公園管理担当　☎0545-55-2795
交通／富士ICから西富士道路・広見ICから1km　Pあり

磐田市

県立磐田農業高校

全国に誇れる学校バラ園

創立百周年記念事業として、平成8年に整備。生徒と先生たちが丹精込めて育てたバラは150品種１５００株にも上り、学校バラ園としては国内で他に類を見ない規模になった。

幾何学模様にしつらえた花壇は立体感があって見応え充分。見頃の時期や秋の文化祭にはバラを楽しみにしている多くの人でにぎわう。

磐田市中泉168　地図 P138　花期／5月中旬～下旬、10月下旬～11月上旬　問／磐田農業高校　☎0538-32-2161
交通／JR磐田駅から徒歩7分　Pなし
※随時見学可能（学校なので要配慮）

河津町

かわづ花菖蒲園のハナショウブ

日本一の早咲き　温泉が育てる花

河津桜でにぎわった河津川河畔が青葉に覆われる頃、河津駅にほど近い花菖蒲園がオープンする。ハナショウブは河津町の町花。生産もさかんで、全国でも4大産地に入っている。

昭和6年、豊富な湯量で知られる峰温泉の温泉を利用して栽培を手がけたのが始まりだそうだ。この花菖蒲園は、温暖な気候と相まって「日本一の早咲き」をキャッチフレーズに、6月中旬頃まで開園する。

紫、白を中心に、300種7万株の花が順次花開く。園の

中に巡らされている木製の回廊のおかげで、360度花菖蒲というパノラマが楽しめるのがうれしい。東屋や休憩所が設置され、車いすでも入園できる配慮がされている。

花見のあとは近くにある大楠で有名な来宮神社や、平成15年にオープンした「豊泉の足湯処」が寄り道にちょうどいい。

賀茂郡河津町田中　地図 P135
花期／5月1日～6月15日（要問い合わせ）
入園料／一般300円、小中学生100円
問／河津町観光協会　☎0558-32-0290
交通／東名沼津ICから60km、伊豆急河津駅から徒歩10分　Pあり

河津バガテル公園（セット割引あり）

伊豆の名水・河津七滝

掛川市

加茂花菖蒲園

気品ある格調高い花姿

桃山時代からの庄屋で土蔵、白壁、長屋門が往時を偲ばせる。1万m^2以上の園に約1500種100万株を栽培、独自の品種改良や種の保存にも力を入れる。

「いずれがあやめかかきつばた」ではないが、こんな見方はいかがなものか—。粋な若衆に見えたら江戸系、奥ゆかしい姫君に見えたら伊勢系、格式ある大名だったら肥後系と…。

併設の多目的温室は豪華な球根ベゴニアでも有名。

売店では手作りのよもぎ団子や庄屋料理、庄屋弁当も味わえる。

掛川市原里110　地図 P138　花期／5月下旬～6月中旬
問／加茂花菖蒲園　℡0537-26-1211　入園料／大人1050円、子供315円
交通／掛川バイパス大池ICから8km、天浜線原田駅から徒歩15分　Pあり

静岡市葵区

城北浄化センター

タチアオイも必見
職員手製の花菖蒲園

静岡市の下水処理場の一つ、城北浄化センター。ここでは処理水を利用した遊水池に美しいハナショウブが咲き、平成12年には、国土交通省の「よみがえる水百選」にも選ばれた。見頃の6月上旬には観賞会が開かれ、多くの人が訪れている。職員手作りの水車が風情を添え、ベンチも配された池は、外周を散策できて心地よい。

静岡市の市花、タチアオイも約1000株植えられ、同じ時期に咲く。ハナショウブとの競演が楽しめる。

静岡市葵区加藤島1-1　地図 P137　花期／5月下旬～6月上旬
問／静岡市城北浄化センター　℡054-261-2981
交通／ 国道1号静清バイパス千代田上土ICから200m　Pあり

タチアオイ

牧之原市

大《おお》鐘《がね》家《け》のアジサイ

梅雨に華やぐ紫陽花

長屋門と母屋が国の重要文化財となっている片浜の旧家・大鐘家は、梅雨を待ちわびたアジサイが咲き始めると、一気に風情を増す。前庭と裏山に広がるアジサイ園は広さ約3500㎡。35品種、1万2000株が植えられている。

密集した葉の間から次々に顔をのぞかせるホンアジサイ、周辺だけ咲いたように見えるガクアジサイ、さらに新品種などが目線の高さで観察できる。

母屋の裏山へは、「あじさい遊歩道」が続き、晴れた日には見晴台から富士山も一望できるそうだ。

しかし、アジサイにはやっぱり雨が似合う。しっとりと雨が降った日は、葉も青々と輝き、花の色もひときわ美しく映える。あじさい祭りが5～7月に開かれるほか、米蔵を使った史料館では、秘蔵のお宝も常時展示している。

牧之原市片浜1032　地図 P138　花期／6月
問／大鐘家　☎0548-52-4277
入園料／大人400～700円、子供200～400円（時期により異なる）
交通／東名吉田ICから11km　Pあり
さがら子生れ温泉会館　ワイロ最中

掛川市

本勝寺

文化会館シオーネ近くのこの寺は、ナギとマキの山門が有名で、県の重要文化財、天然記念物に指定されている。

アジサイは境内向かって左側一帯、山の斜面に70種1万株。回遊式の道が付けられていて、高い位置からの眺めも趣があり、さすが遠州随一の花の寺。庭の途中にある水琴窟に耳を傾ければ、澄んだ水音が返ってくる。

掛川市川久保8　地図 P138
花期／6月上旬～中旬
問／本勝寺　☎0537-74-2050
交通／東名掛川ICから9km　Pあり

浜松市北区

奥山地域、伊平など

奥山と伊平の二つの地域は、色とりどりの１万８０００株のアジサイが公園や沿道、川べりなどで咲き揃い、見る人を楽しませる。伊平の中央を流れる井伊谷川の堤防には、１kmにわたってアジサイが植えられ、一帯をアジサイ色に染める。

奥山高原では「ささゆりとあじさい祭り」などのイベントも繰り広げられ、多くの観光客が訪れる。

浜松市北区引佐町奥山方広寺、伊平など
地図 P139　花期／6月初旬～7月初旬
問／奥山高原　☎053-543-0234
交通／東名浜松西ICから19km

周智郡森町

森町の極楽寺

極楽のゆく人の乗る
紫の雲の色なるあじさいの花　行基

遠州・森には花の寺が多い。ここ極楽寺は別名「あじさい寺」と呼ばれ、寺の正面から本堂脇、そして裏山までアジサイに囲まれている。

花めぐりの後は、アジサイの天ぷらがのった名物のそばに舌つづみ。寺の歴史は古く、奈良時代に行基が開いたと伝わる。

周智郡森町一宮5709　地図 P138
花期／6月上旬～7月上旬　問／極楽寺　☎0538-89-7407
入園料／中学生以上700円、小学生100円
交通／東名袋井ICから9km　Pあり　天浜線遠江一宮駅から徒歩15分

下田公園のアジサイ（下田市）

下田港に隣接する公園内に15万株300万輪が咲き誇る県内一のアジサイの名所。斜面を埋め尽くす花は、さながら宇宙の星のちらばりのよう。6月にはあじさい祭りが開かれる。

地図P135　問／下田市観光協会　☎0558-22-1513

熱海市のジャカランダ

ジャカランダ

静岡市葵区、熱海市

こころ落ち着く青紫の花

何やら仏教国の花を連想しそうな名前だが、ブラジル原産の落葉高木。和名は桐擬き（キリモドキ）といい、葉はネムの木、花は桐に似ている。南米やオーストラリアでは街路樹として馴染みが深く、花の時期には壮観らしい。

この花を浜名湖花博で知った人も多いのでは。青紫色で4～5cmの鐘形の花は、華やかというより落ち着いた印象。

静岡市の宝泰寺の庭で、約15mもあるこの大木が見事な花を咲かせる。その昔、寺のご住職が外国から持ち帰った種子が庭の一角で育ったもので、見頃には寺の好意で一般公開もしている。

熱海市渚町のお宮緑地内、国道135号沿いにも約30本植えられ、南国ムードの演出に一役買っている。

〔宝泰寺〕静岡市葵区伝馬町12-2　地図 P137
花期／6月上旬～中旬　問／宝泰寺　℡054-251-1312

〔熱海市内各所〕　地図 P136
花期／6～7月　問／熱海市観光協会　℡0557-85-2222

ハーブ

熱海市

アカオハーブ&ローズガーデン

優しい香りに癒される

バラとハーブに囲まれた個性あふれる12のガーデンが点在。優雅な雰囲気が漂うフランス式庭園を歩けば、ハーブの優しい香りに、身も心もリフレッシュできそう。

英国調の「オールドローズガーデン」、世界一大きな盆栽が置かれた日本庭園「天翔」など趣が異なる10種類の庭めぐりも楽しい。のんびりと散策してもいいし、ガイド付きシャトルバスで巡ることもできる。

バラグッズを専門に扱うショップもあり、女性の人気を集めている。ハーブ工房では、ハーブを使った石鹸や安眠香り袋、香水、キャンドルなどの手作り体験（有料）が楽しめて、旅の思い出づくりにおすすめ。

熱海市上多賀1024-1　地図 P136
問／アカオハーブ＆ローズガーデン　☎0557-82-1221
入園料／大人1000円、小人500円
交通／東名沼津ICから熱函道路経由33km　Pあり

錦崎庭園　ラベンダーソフトクリーム、花畑ソープ

南伊豆町
入間のアガパンサス
日本一の出荷量を誇る涼しげな花

すっと伸びた長い茎の先に、さわやかな紫色の花を付けるユリ科の多年草。Agapanthus（アガパンサス）はギリシャ語の「agapa（愛らしい）」と「anthos（花）」の組み合わせ。アフリカ原産でアフリカンリリーとも呼ばれる。和名では紫君子蘭というが白い花もある。

茎の先端に放射状に付く花は、涼しげで洗練された雰囲気が漂う。そのスタイリッシュな花姿からテーブル装花や大型のアレンジメントの花材として人気で、首都圏などに出荷されている。南伊豆町は露地栽培が盛んで出荷量は日本一。梅雨の時期、入間の斜面にある幾重にも重なった石積みの畑にはこの花が揺れる。

賀茂郡南伊豆町入間地区　地図 P135
花期／6月中旬～7月上旬
問／南伊豆町観光協会　0558-62-0141
交通／伊豆急下田駅から国道136号で17km

南伊豆町漁協直売所

石廊崎マイカの塩辛とキムチ

静岡市清水区

興津のハゴロモノキ

大木は国内に3本 ヘアブラシ状の花

葉の裏が白っぽく、白い布がかかったように見えることが、羽衣の樹の名前の由来。ヤマモガシ科の常緑樹でオーストラリア原産。東南アジアでは街路樹として親しまれているという。

高さが10m近い大木は日本に3本しかないが、その1本が興津の果樹研究所にある。筒型の花を総状に咲かせ、ヘアブラシのよう。木は淡い赤褐色で木目が美しく、家具や彫刻、額縁などに使われる。同研究所では他にもマカダミアナッツやフェイジョアなどの珍しい花が見られる。

静岡市清水区興津中町485-6　地図 P137
花期／6月上旬～中旬
問／果樹研究所カンキツ研究部興津
☎0543-69-7100
交通／JR興津駅から徒歩3分
（見学希望者は要事前連絡）

坐漁荘、清見寺

興津のたいやき、宮様まんじゅう

吉田町

萬年の大サツキ

衰え知らずの花の勢い

サツキはツツジ科の低木。正式名称はサツキツツジといい、5月（皐月）に花が咲くことから名付けられた。この萬年の大サツキは樹高2.5m、直径9m、周囲20mという大きさ。正確な樹齢は不明だが、相当な老木らしい。

それでも花の勢いに老いは全く見られず、毎年見事な花で訪れる人を感嘆させている。葉の外側に濃い桃色の花が咲くため、満開時には花塚のような壮観な眺めだ。

榛原郡吉田町神戸　地図 P137
花期／6月上旬
問／吉田町観光協会
☎0548-33-2122
交通／東名吉田ICから2km

能満寺の大ソテツ

松浦食品の芋かりんとう

袋井市

可睡ゆりの園

小高い丘に揺れるユリのカーペット

古刹、可睡斎の向かい側に広がる全国でも最大規模を誇るユリ園。中央に大きな池があり、起伏に富んだ地形を巧みに活かして、緩やかな丘や谷あいを、赤、黄、オレンジ、白、ピンク色が埋めつくす。

風に揺れるユリは、優しい香りを運び、大きなウエーブを描いてまるで観る人を歓迎しているかのよう。

歩き疲れたら甘味処や、名物・ゆり根の天ぷらが出る食事処でひと休みを。

それにしてもユリの数の多さに驚く。日本に元々自生する原種は15種程度で、北アメリ

カ、アジア、ヨーロッパなど世界各国では100種近くあるそうだが、現在ではさらに、それらを改良した園芸品種が多く出回っていて数え切れない。多彩なところもユリの奥深い魅力のひとつだろう。

袋井市久能2990-1　地図 P138
花期／5月中旬～6月（開園期間は要問い合わせ）
問／可睡ゆりの園　☎0538-43-4736
入園料／大人1000円、小・中学生300円
交通／東名袋井ICから2km　Pあり（有料）
JR袋井駅から可睡斎行きバスで15分

静岡県温室農協クラウンメロン支所

手作りジェラート（可睡斎門前）

沼津市

御浜岬のスカシユリ

松林に映える 夏を告げるオレンジ色

戸田港から鳥の口ばしのように延びる御浜岬は全長1㎞。付け根の部分にある公園の松林は、6月になると約3万株のスカシユリが足元を埋める。

このユリの最大の特徴は、花びらの付け根に透かし(すき間)があること。花の名前の由来だ。また、横でも下でもなく、上を向いて咲くのもスカシユリならでは。

ちなみにユリの花びらというのは3枚で、残りの3枚はガクである。

花が終わると御浜は本格的な海水浴シーズン。内海の砂浜は、大変なにぎわいとなる。

沼津市戸田 御浜岬　地図 P135
花期／6月下旬～7月上旬
問／沼津観光協会　055-964-1300
交通／東名沼津ICから県道戸田峠経由47km

日帰り温泉「戸田温泉 壱の湯」

天然にがり塩、ひもの

南伊豆町

天神原のササユリ

日本古来の気品あるユリ

ササユリは、古代から日本に自生した野生のユリの原種。昔は山野のどこにでも見られたユリと聞くが、今では特定の所でしかお目にかかれないのが残念だ。

減少するササユリの人工栽培に情熱を注ぎ、園内に数万株を蘇らせたのが、ここ天神原植物園。淡いピンク色のこのユリは見れば見るほど美しい。日本古来のやさしい気品に満ちている。

名前は葉の形が笹に似ていることからついた。

約1万㎡の園内には、四季折々の山野草が自然の中で静かに咲き、そちらも興味深い。

賀茂郡南伊豆町天神原2722-60
地図 P135　花期／6月中旬
問／天神原植物園
0558-64-8178
入園料／中学生以上500円、小学生300円
交通／東名沼津ICから西伊豆バイパス経由90km　Pあり

天神窯、伊集院窯

伊豆自然郷のハチミツ

袋井市

松秀寺のスイレン

門前の弁天池一面に咲く花

山門脇の観音様に早朝お参りをすると、足腰が丈夫になるといわれ、地元では「朝かんのん」として親しまれてきた。お札参りの証しか、ミニわらじがたくさん吊り下がっている。

門前の大きな弁天池。そこに光沢のある丸い葉を水面いっぱいに浮かべ、スイレンが繁茂している。中程には弁天様を祭った小さな社がある。

モネの描いた絵のイメージとは少し違うが、6月上旬頃、赤い花が顔を出し、夏の盛りになる頃にはほとんどが黄花となる。花の目覚めは早い。早朝とは言わないまでも、午前中には足を運びたい。

袋井市富里　地図 P138　花期／6月上旬～7月下旬
問／松秀寺　0538-23-3079　交通／東名袋井ICから7km　Pあり

あぐりレストラン陽だまり　まるごと豆富、法多山名物だんご

御前崎市

新野川沿いの
オオキンケイギク

6月●オオキンケイギク

黄金色がまぶしいキク科の花

初夏にこの花が咲くと、本格的な夏がすぐそこまで来ていることを感じる。漢字で大金鶏菊と書くのは、花びらの形が鶏のトサカに似ているからという説がある。北米原産の帰化植物で、明治時代頃に日本に入ってきて栽培されていたものが野生化した。荒地でもよく生育し、雑草のように思われがちだが、立派に群生している様子を見ると、雑草と呼ぶには忍びない美しさがある。

御前崎市・新野川沿いの浜岡球場近くでは、川の土手一面にこの花の群生が見られる。花の形も、ゆらゆらと風に揺られる様子もコスモスに似ているが、鮮やかな黄金色のせいか、コスモスにはないたくましさを感じる。

御前崎市池新田　地図 P138　花期／6月～7月
問／御前崎市観光協会　0548-63-2001　交通／東名菊川ICから10km

海鮮なぶら市場　しらす干し、とろろめ

4・5・6月　その他の花だより

花	所在地	花期	問い合わせ先	
サクラ	駿東郡小山町大御神・富士霊園	4月中旬	富士霊園	☎0550-78-0311
サクラ	富士宮市宮町・浅間大社	4月初旬	富士宮市観光協会	☎0544-27-5240
サクラ	藤枝市志太・金毘羅山緑地	4月初旬	藤枝市観光協会	☎054-645-2500
サクラ	湖西市新居町内山・農免道路桜並木	4月初旬	湖西市商業観光係	☎053-576-1230
サクラ	浜松市天竜区龍山町・秋葉ダム湖畔	4月初旬	龍山観光協会	☎053-969-0388
枝垂れ花桃	賀茂郡東伊豆町・稲取文化公園	4月上旬〜下旬	稲取温泉旅館協同組合	☎0557-95-2901
御衣黄	掛川市西大渕・天王森公園	4月中旬〜5月上旬	掛川観光協会	☎0537-21-1149
芝桜	伊東市・松川湖畔	5月上旬	伊東観光協会	☎0557-37-6105
トキワマンサク	湖西市・神座	4月中旬〜5月上旬	湖西市商業観光係	☎053-576-1230
ヤマツツジ	賀茂郡南伊豆町伊浜・長者ケ原	4月下旬〜5月上旬	南伊豆町観光協会	☎0558-62-0141
ツツジ	伊豆の国市・かつらぎ山パノラマパーク	4月下旬	かつらぎ山パノラマパーク	☎055-948-1525
シロヤシオ	静岡市葵区・安倍奥地蔵峠	5月中旬〜下旬	静岡観光コンベンション協会	☎054-251-5880
アジサイ	牧之原市勝俣・秋葉公園	6月中旬〜7月上旬	牧之原市商工観光課	☎0548-53-2622
テッポウユリ	賀茂郡河津町峰・風土の森	6月〜8月	河津町観光協会	☎0558-32-0290
ハマヒルガオ	御前崎市池新田・浜岡砂丘	5月〜6月	御前崎市観光協会	☎0548-63-2001

浜岡砂丘のハマヒルガオ（御前崎市）

松川湖の芝桜（伊東市）

789月

Flower Guide

ヤナギラン

クレマチス

ハス

ハギ

ヒマワリ

ハマユウ

キキョウ

シラタマホシクサ

スイフヨウ

マングローブ

ハマボウ

ヒガンバナ

キンモクセイ

サルスベリ

ユウスゲ

伊豆の国市、沼津市、南伊豆町

寺や旅館で栽培ハス

日本人にはなじみ深い花

角萬旅館

朝、咲いたばかりのこの花を眺めていると、なぜか芥川龍之介の「蜘蛛の糸」を連想する。県内では大きなハス池が減ってきているが、寺や旅館などで、丹精して育てたハスの花を一般開放して見せてくれるところがある。

ハスの花は朝のうちに観賞するのが一番。昼近くには閉じ始め、3、4日の寿命。

角萬旅館

伊豆の国市奈古谷　地図P136

昭和40年代から育て、現在3万株にまで増えたハス池を無料で観賞させてくれる。見ごろは大体7～8月の2カ月。形が茶わんに似ていることから「茶わんバス」といわれるハスで、多いものでは一つの花に100枚くらい花びらが付く。

蓮興寺

沼津市井出　地図P136

国内はもとより中国などから種子を取り寄せ、境内の大鉢で栽培。その種類は約300種580鉢。紅、白にとどまらず、黄色、八重咲きなど珍しい色や形の花が揃う。

町内に複数の池

賀茂郡南伊豆町内　地図P135

南伊豆町内には、休耕田を利用して町民が育てる古代ハス（万葉ハス、大賀ハスともいう）の池が市之瀬地区、差田地区、下小野などに点在し、美しい花景色を見せる。花は大輪で淡いピンク色。

〔角萬旅館〕
花期／7月～8月　問／📞055-978-3371
交通／東名沼津ICから 国道136号経由20km　Pあり

〔蓮興寺〕
花期／7月　問／📞055-966-2049
交通／東名沼津ICから7km　Pあり

〔南伊豆町〕
花期／7月上旬～8月中旬
問／南伊豆町観光協会　📞0558-62-0141
交通／伊豆急下田駅から10km　Pあり

南伊豆町の古代ハス

森町

香勝寺のキキョウ

八重咲きなど変種も

秋の七草に数えられるキキョウ。青紫の鐘形の花は日本的ではかなげな風情があり、日本庭園に一つは欲しいと思わせる姿だ。

この花を境内から裏山にまで一面に植えた寺が香勝寺、通称「ききょう寺」だ。広さ7000㎡に、15種類4万株が植えられ、株数では国内で最大級。

青紫が基本だが、白、ピンク、斑入り、八重咲きなどの変種も見られる。6月下旬に一番花が咲く。しばらくして一旦花を切り戻し、二番花を待つ。

周智郡森町草ケ谷　地図 P138　花期／6月下旬～7月上旬　問／香勝寺　0538-85-3630
入園料／中学生以上500円、小学生以下100円
交通／天竜浜名湖線遠州森駅から徒歩10分、東名袋井ICから10km　Pあり

磐田市

はまぼう公園のハマボウ

水辺が似合う一日花

ハイビスカス、ムクゲ、フヨウと同じアオイ科の花。暖地の海岸近くや河口の湿地に多い。レモンイエローの花びら5枚は、よく見るとらせん状に巻いている。朝咲いて夕方にはしぼむ一日花。

太田川河口右岸の「はまぼう公園」には見上げるほど大きな古木が林をなす。花が咲いた様子は、まるで枝にカナリアが止まったかのよう。隣にはバードウオッチングの観察小屋や仿僧川のモダンな水門もある。

県内ではほかに下田市吉佐美の大賀茂川河口、伊豆市土肥・八木沢の丸山公園、磐田市・竜洋はまぼう公園などに群生する。

磐田市福田　地図 P138
花期／7月中旬～8月上旬
問／磐田市商工観光課　0538-37-4819
交通／東名袋井ICから12km　Pあり

南伊豆町

奥石廊のユウスゲ

夕方開き、翌朝しぼむ花

黄菅（キスゲ）の別名が夕菅（ユウスゲ）。おなじみ、高原などに群生するユリ科の花で、夕方に花が開き、翌日の午前中にはしぼむ。細い花茎が1mほど伸びて、その先が分岐して淡黄色の花が次々と咲く。

伊豆でも屈指の景観が楽しめる奥石廊。この一等地に伊豆では唯一のユウスゲ自生地があり、国立公園特別地域の指定植物になっている。

地元では「あいあい岬」として整備し、花の保護に努めている。茜色に染まる夕暮れ時、夕日とこの花が見られたら言うことなし。

賀茂郡南伊豆町奥石廊崎 ユウスゲ公園
地図 P135　花期／7月～8月
問／南伊豆町観光協会
0558-62-0141
交通／国道136号から県道16号で奥石廊へ。
下田から20km、松崎から31km　Pあり

香勝寺のキキョウ

丸山公園のハマボウ

奥石廊のユウスゲ

長泉町 「クレマチスの丘」のクレマチス

ガーデナー憧れのエレガントな花

ガーデニングの本場イギリスでは、バラとともに親しまれている花で、バラが庭園の「キング」だとすると、クレマチスは「クイーン」にたとえられるそうだ。

伊豆の山並みと駿河湾を望む見晴らしのよい丘にある「花・美術館・食」をコンセプトにした「クレマチスの丘」。ここのヴァンジ彫刻庭園美術館庭園内にあるクレマチスホワイトガーデンは、白を基調としたクレマチスが主役。四季折々のほかの花との調和も見事で、いつ訪れても手入れの行き届いた庭を楽しむことができる。

クレマチス(Clematis)の学名は、ギリシャ語で「つる(蔓)」を表す「Klema」に由来。6月頃からは花が大輪から中・小輪に移り、ベル型、壺型、チューリップ型など多彩な花型が見られる。つるを利用してアーチやポールに絡ませた立体的な植栽は、庭づくりの参考になりそう。レストラン、ショップも充実しており、花に囲まれた癒しの休日が過ごせそう。

美佐世

プリンセス・ダイアナ

センニンソウ

アンスンエンシス

晴山

這澤

テッセン

アーマンディー

ジョセフィーヌ

モンタナ・エリザベス

ベル・オブ・ウオッキング

駿東郡長泉町スルガ平347-1　地図 P136
花期／通年（春から夏が花の種類が多い）
問／クレマチスの丘　☎055-989-8787
入館料／大人1200円、高・大学生800円、
小・中学生500円（季節割引、団体割引あり）
交通／沼津ICから県道246号で御殿場方面へ5km、
JR三島駅から無料バスあり　Pあり

木村圭吾さくら美術館

ヴァンジグッズ、クレマチスの苗

下田市

田牛《とうじ》海岸のハマユウ

日没後に咲く砂地の花

浜木綿（ハマユウ）は、細長く裂けた花が木綿に似ることからその名がついた。肉厚の葉が万年青（オモト）のようなので別名ハマオモトとも。熱帯が原産地で海流に乗って種が日本へ流れ着いたようだ。ここは地元で「吹き上げの浜」と呼ばれ、季節風で舞い上がった急斜面の砂で、サンドスキーが楽しめる。この砂丘と岩礁の浜に自生地があり、県の天然記念物になっている。日没から夜中にかけて花開き、甘い香りを漂わせる。

花言葉は「どこか遠くへ行きたい」。

下田市田牛海岸　地図 P135　花期／7月中旬～8月
問／下田市観光協会　0558-22-1531
交通／伊豆急下田駅から7km　Pあり

立ち寄り湯「金谷旅館」　日新堂菓子店の「マドレーヌ」

南伊豆町

青野川河口のマングローブ

日本最北限の群生

青野川の河口付近に、生育分布が国内最北端になるマングローブ（メヒルギ）の群生があることはあまり知られていない。

マングローブは、河口付近の海水と真水とが混ざるところでしか育たない熱帯性植物。１９５９年に県農業試験場の前身だった県有用植物園の職員が種子島から種を取り寄せたのが始まりで、現在では保護区内で大切に保護されている。

賀茂郡南伊豆町湊
地図 P135
花期／8月～9月
問／南伊豆町観光協会
0558-62-0141
交通／伊豆急下田駅から11km

下賀茂熱帯植物園

伊豆海苔、早生みかん

藤枝市岡部町、静岡市駿河区

玉露の里、丸子川沿いのサルスベリ

夏の間咲き続けるフリル状の花

岡部町　玉露の里

7月から9月まで、夏の盛りをひたすら咲き続ける花、百日紅（サルスベリ）。名の由来は幹を見れば納得。幹の肌がなめらかでサルも滑ってしまうというところから来ている。

この花はやはり和風がよく似合う。ここ玉露の里のサルスベリはその点でぴったりだ。

花を間近でよく見ると、面白い形をしている。細かいフリルのついた花でかわいらしい球状のつぼみが次から次へと開花し、夏の強い日差しに応えるかのように「百日紅」を演出する。白花もたまに見かける。

静岡市駿河区・丸子川の土手沿いには1本の大木がある。詳しい樹令は不明だが、樹形も花付きも実に見事だ。

〔玉露の里〕藤枝市岡部町新舟1214-3　地図 P137
花期／7月～9月　問／☎054-668-0019
入館料／500円（玉露か抹茶、茶菓子付）　Pあり
交通／東名焼津ICから20分

〔丸子川沿いの大木〕静岡市駿河区丸子　地図 P137
花期／7月～9月
交通／JR静岡駅からバス丸子3丁目下車徒歩5分

丸子川沿いの大木

静岡市葵区
山伏《やんぶし》のヤナギラン

山頂で出合う美しい花穂の群生

安倍奥の最高峰、山伏（標高２０１４ｍ）は、ヤナギランの群落地として知られる。

ランといってもアカバナ科の植物で、細長い葉が柳に、花が蘭に似ていることからこの名がついた。英名は「Fireweed」。Fire（火・火事）、weed（雑草）という単語が示すように、山火事や伐採の跡地に真っ先に入り込んで群生を作るパイオニア植物の一つだそうだ。

丈は１ｍ以上にもなり、２〜３㎝ほどの紅紫色の花を穂の下から次々に咲かせていく。登山のゴール地点で、山頂の眺望と、この可憐な花穂の群れに出合えたら、登山の疲れも吹き飛ぶことだろう。

一時、花数が減って心配された。中部地方から北海道にかけての山地の草原にしか自生しないヤナギラン。ここは東海地方の貴重な群生地だけに大切に守っていきたい。

静岡市葵区井川（県民の森）　地図 P137　花期／8月中旬
問／静岡市井川観光協会　☎054-260-2211
交通／静岡駅から県道27号を北上、県民の森経由百畳平登山口まで68km。（百畳平にPあり）そこから徒歩45分

赤石温泉　わさび漬け、井川めんぱ

南アルプスの高山植物

**南アルプスには、たくさんの花や植物が自生し、
なかには静岡県特有種もある。
可憐な姿とは裏腹に、強い生命力を持つアルプスの花々を紹介**

クルマユリ／ユリ科。濃いオレンジの花は遠目にもよく目立ち高山植物の中ではスター的存在の１つ

ハクサンイチゲ／キンポウゲ科。梅に似た可憐な白花。よく群生し大きなお花畑となって登山者を迎えてくれる

オオサクラソウ／サクラソウ科。県内では千枚小屋周辺でしか見られない希少な花。静岡県の絶滅危惧種

チングルマ／バラ科。花後に子供が遊ぶ玩具の風車に似た実ができるので和名は稚児車

チョウノスケソウ／バラ科。氷河期に北極から南下した種の1つ。名は発見者須川長之助に由来。チングルマに似るがこちらは花弁が８枚

タカネビランジ／ナデシコ科。高山の礫地や岩場に咲く南アルプス特産種。花は白とピンク色がある

クロユリ／ユリ科。暗紫褐色にファンが多い。そっと贈ったこの花を相手が手に取れば恋が実るというアイヌの伝説がある

イワベンケイ／ベンケイソウ科。風の強い高山の岩礫地に生育。岩場で弁慶のように力強く咲く。黄花が紅葉する

ミヤマオダマキ／キンポウゲ科。千枚岳の岩稜帯等に咲く。独特の花の形で被写体として人気が高い花

掛川市、磐田市、浜松市浜北区

休耕田のヒマワリ

花言葉は「憧れ」

太陽に向かって堂々と咲くヒマワリは、夏を象徴する花。黄金に輝くこの花を見ているだけで元気が出てくるから不思議だ。県内にいくつかある休耕田のヒマワリ畑も地域によってそれぞれ個性があるようだ。

シオーネ西側のヒマワリ

掛川市大坂　地図P138

掛川市文化会館シオーネの西側に広がる約2万3000㎡の花畑が人気。夏は一面のヒマワリ畑になる。ここは小ぶりで愛らしい品種のヒマワリが植わり、遠くまで見渡せる。

秋口、主役がコスモスへとかわる頃、ヒマワリとコスモスの混在が一風変わった花模様を演じて、これもまた趣がある。

磐田市のヒマワリ

竜洋のヒマワリ

磐田市白羽　地図P139

　磐田市旧竜洋地区のヒマワリ畑は、もともと荒地対策で始まった。8つある畑の合計面積は約2万㎡になり、見応え十分。背の高い「ハイブリッドサンフラワー」という品種のヒマワリが植わる。

上善地のヒマワリ

浜松市浜北区上善地　地図P139

　上善地地区にある休耕田を利用したヒマワリ畑は、広さが7000㎡。開花時期に夜間のライトアップも行われる。春は菜の花畑になる。

上善地のヒマワリ

〔文化会館シオーネ西側〕花期／8月　問／掛川観光協会　☎0537-21-1149　交通／東名掛川ICから県道38号を南に9km

〔旧竜洋地区〕花期／7月下旬～8月上旬　問／磐田市観光協会　☎0538-33-1222　交通／東名磐田ICから12km

〔上善地〕花期／8月中旬～下旬　問／浜松市浜北総合事務所商工課　☎053-585-1116　交通／東名浜松ICから笠井街道経由7km

シオーネ西側のヒマワリ

掛川市

掛川城周辺のスイフヨウ

朝、昼、夕で色が変わる花

小説「風の盆恋歌」に出てくるスイフヨウ。朝、真っ白い花が、昼には淡い紅に、午後にはさらに赤みを増して夕方には赤紫になってしぼむ。この色の変化を酔いにたとえて酔芙蓉と書く。

　掛川市では市の花・フヨウをよく見かける。特に掛川城天守閣南側から旧市役所周辺の逆川沿いを中心に多く植栽され、市民の目を楽しませている。

　多くは一重咲きのピンクの花だが、西側の一群の中にスイフヨウが咲いているのを見つけた。花は八重咲きでやや大ぶりだ。朝方の清楚な印象の純白が、酔いが回るにつれて色づく過程は、表情があっておもしろい。市庁舎前のエントランスにある植え込みでも見られる。

掛川市掛川　地図 P138　花期／8月～9月
問／掛川市商工観光課　0537-21-1149　交通／東名掛川ICから2km

二の丸美術館、掛川城天守閣　掛川城もなか

時間の経過とともに色が変化していく様子を酔いにたとえられて「酔芙蓉」

三島市

三嶋大社のキンモクセイ

樹齢1200年の御神木

芳香の代名詞のような花、キンモクセイ。一般に公園や庭に植えられてよく知られる花は、濃いオレンジ色だが、三嶋大社の御神木はウスギモクセイといい、その名のとおり花色は黄白色。9月上旬、枝という枝に花を付け、甘いさわやかな香りを境内一面に漂わす。その後再び、9月下旬から10月初めに2度咲きをしてみせる珍しい老木。

樹齢およそ1200年といわれ、様々な時代の出来事を見てきたに違いない。国の天然記念物に指定されている。

三島市大宮町2-1-5　地図 P136　花期／9月上旬と9月下旬〜10月初旬
問／三嶋大社　055-975-0172　交通／東名沼津ICから8km　Pあり（有料）

森町

蓮華寺のハギ

優しげな秋の七草

「萩の寺」と呼ばれる蓮華寺は、8世紀初め、行基が創建したという歴史ある寺。木喰上人の子安地蔵尊を安置することから「もくじき寺」としても親しまれてきた。境内では6月から初秋にかけて、ハギの小花が静かに咲き競う。

〈萩の花尾花葛花なでしこの花女郎花（おみなえし）また藤袴あさがおの花〉と山上憶良が秋の七草の筆頭に詠んだハギの花。

赤紫のミヤギノハギ、清楚なシロバナハギなどが、細い茎を優しく風に揺らすさまは、秋の気配に満ちて何ともいえない風情が漂う。

9月中旬には恒例の萩まつりが開かれる。

周智郡森町森2144　地図 P138　花期／6月〜9月
問／蓮華寺　0538-85-5374
交通／天浜線遠州森駅から徒歩15分、東名袋井ICから10km　Pあり

浜松市浜北区尾野

県立森林公園の シラタマホシクサ

東海3県だけに自生する湿地の花

漢字で書くと「白玉星草」。その名前が表すように、湿原に咲き広がる様子は、まるで小さな星くずが空から降ってきたような独特の風情だ。直径6㎜程度の白く小さな花が、すっと伸びた細い茎のてっぺんに丸い綿帽子のように咲く。

元来、静岡、愛知、三重県の湿地にだけ生育する。昔は秋になると、湿地一面に咲いていたが、埋め立てによる湿地の激減で、今ではすっかり希少な植物となってしまった。県立森林公園では、97年頃から湿地復元活動に力を入れてきた成果もあり、現在は広さ1000㎡に群落が自生する。

尾根や沢が複雑に入り組んでいるこの公園は自然の宝庫。園全体で約1000種類もの植物や、野鳥に出合える。

浜松市浜北区尾野2597-7　地図 P139　花期／9月中旬～10月下旬
問／県立森林公園ビジターセンター　☎053-583-0443
交通／遠鉄「小松駅」から森林公園行バス30分、東名浜松ICから14km　Pあり

万葉の森公園　ビアン正明堂の「次郎柿羊かん」

県立森林公園で見られる花

コバノガマズミ／スイカズラ科。初夏に白い花を付ける。赤い実は甘酸っぱく果実酒に利用できる

スズカカンアオイ／ウマノスズクサ科。東海〜近畿に多い寒葵の仲間。地表に顔を覗かせる花は10月から2月頃まで冬の間咲く

ミゾソバ／タデ科。和名は葉や花がソバに似ているところから。秋に先端が赤い小花がまとまって咲く

アキノタムラソウ／シソ科。淡い紫色のシソ科独特のかわいらしい花が夏から秋まで長い間楽しめる

ミズギボウシ／ユリ科。ギボウシの仲間で東海から中国地方に自生。名前のとおり水辺に生える

ミミカキグサ／タヌキモ科。地下茎に捕虫嚢をもつ湿地に生える食虫植物。実を包むガクの形からその名が付いた

シャガ／アヤメ科。薄暗い湿った林内や水辺に群生。春に白紫色の花を茎の先端に多数付ける。別名は胡蝶花

ハルリンドウ／リンドウ科。淡紫色の花が咲く人気の花。太陽を好み、曇りや雨の日は開花しない

ヤクシソウ／キク科。薬師草と書く。一つ一つの花は小さいが固まって多数花を付けると秋の林内でよく目立つ

森町、伊豆の国市

歴史民俗資料館、北条寺のヒガンバナ

彼岸を告げる「曼珠沙華」

その名のとおり、秋の彼岸の頃に突如土中から茎が伸び、決まったように咲く。別名「曼珠沙華」。梵語で「紅色の花」を意味するそうだが、最近は白花も時々見かける。

田の畦、土手、山すそなど緑の中の真っ赤な花は強烈で、初秋の里で存在感を示す。

森町歴史民俗資料館

周智郡森町森2144　地図P138

旧周智郡役所である森町歴史民俗資料館の脇の斜面をこの花が真っ赤に染める。明治18年建築の古風な建物と調和してなかなか様になっている。

すぐ隣には「萩の寺」で有名な蓮華寺がある。

北条寺

伊豆の国市南江間862-1　地図P136

狩野川のたもとにある北条氏ゆかりの寺。ここの境内のヒガンバナは有名で、花を見るために、遠方からも多くの人が訪れる。ここには白花も咲く。

北条寺

森町歴史民俗資料館

〔森町歴史民俗資料館〕
花期／9月中旬　問／☎0538-85-0108
交通／天浜線森駅から徒歩15分、東名袋井ICから10km　Pあり

〔北条寺〕
花期／9月中旬　問／☎0559-48-1399
交通／東名沼津ICから15km　Pあり

7･8･9月　その他の花だより

花	所在地	花期	問い合わせ先	
ノカンゾウ	伊東市富戸・城ヶ崎海岸	7月～8月	伊東観光協会	0557-37-6105
ハマボウ	御前崎市・マリンパーク御前崎	7月下旬～8月	御前崎市観光協会	0548-63-2001
ハマユウ	沼津市戸田・御浜岬	7月～8月	沼津市戸田観光協会	0558-94-3115
ハス	静岡市駿河区・小鹿公園	7月中旬～8月	静岡市公園緑地課	054-221-1121
カンナ	伊東市新井・汐吹公園	7月～9月	伊東観光協会	0557-37-6105
ヒマワリ	賀茂郡南伊豆町・湊の休耕田	8月上旬～下旬	南伊豆町観光協会	0558-62-0141
クレオメ	賀茂郡西伊豆町・黄金崎公園	8月中旬～9月	西伊豆町観光商工課	0558-52-1111
コスモス	伊東市富戸・さくらの里	7月中旬～9月中旬	伊東観光協会	0557-37-6105
コスモス	富士市・かりがね堤	9月下旬～11月上旬	富士山観光交流ビューロー	0545-64-3776
フジアザミ	御殿場市・富士山新五合目	8月～9月	御殿場市商工観光課	0550-82-4622
フジアザミ	富士市桑崎・富士山こどもの国	9月上旬～10月中旬	富士山こどもの国	0545-22-5555
ヒガンバナ	浜松市・はままつフラワーパーク	9月中旬～下旬	はままつフラワーパーク	053-487-0511
パンパスグラス	下田市須崎・爪木崎	8月下旬～10月	下田市観光協会	0558-22-1531
パンパスグラス	伊東市富戸・伊豆シャボテン公園	8月下旬～10月	伊豆シャボテン公園	0557-51-1111

伊豆シャボテン公園のパンパスグラス（伊東市）

日野地区のヒマワリ畑（南伊豆町）

10 11 12月

Flower Guide

リトルエンジェル

クリスマスローズ

ススキ

イソギク

コスモス

アロエ

ヒマラヤ桜

ツワブキ

茶

ツバキ

サザンカ

紅葉

ソバ

スイセン

カーネーション

イチョウ

キク

下田市 寝姿山のリトルエンジェル

冬景色を彩る"小さな天使"

リトルエンジェル―なんともかわいらしい名前の花は、咲き始めてから数日をかけて、色合いを変えていく不思議な花。咲き始めの時期は中心部が白く、外側が紫色の花。それがだんだん全体的にピンク色となり、次第に赤みを帯びた紫色へと変化する。そのため、一つの木に色の異なる花が同時に咲くことから別名「三色野牡丹（サンショクノボタン）」ともいう。

　もともと熱帯地方に自生する野ボタンの園芸品種で、寝姿山の公園内には下田ロープウェイの山頂駅付近と、遊歩道沿いに約500株が植栽されている。

　花とともに、眼下に広がる下田湾や伊豆七島の絶景も楽しみの一つ。花が咲く期間が長いのも特徴で、花の少ない季節に、華やいだ雰囲気を届けてくれる。

下田市寝姿山　地図P135
花期／10月中旬～12月下旬
問／下田ロープウェイ
0558-22-1211
料金／大人1000円、子供500円
（団体割引等あり）
交通／伊豆急下田駅から徒歩1分、
ロープウェイで山頂へ

縁結び・子宝祈願の愛染明王堂

ひもの屋万宝の干物

藤枝市岡部町、掛川市、焼津市

休耕田のコスモス

秋風にそよぐ優しい花

「風を見る花」—そんなロマンチックな呼び方が、コスモスにはあるそうだ。

秋の訪れを感じさせる花といえば、真っ先にこの花を挙げる人も多いだろう。

和名は「秋桜」。日本の風景にもしっくりと合うが、実はメキシコが原産。日本に定着したのは明治の後半で、わずか百年ほど前のことといわれている。

朝比奈川沿い

藤枝市岡部町殿　地図P137

お茶の生産で知られる朝比奈地区のシンボル的施設「玉露の里」に近い休耕田に、ここ数年コスモス畑がお目見えし、人気を集めている。住民が「コスモス募金」や町の補助を受けて栽培し、年々規模・質とも充実してきた。ここは2年に1度「朝比奈大龍勢」が打ち上げられる場所でもあり、畑の向こうにその櫓が立っている。

朝比奈川沿いのコスモス畑

文化会館シオーネ西側

掛川市大坂　地図P138

春の菜の花、夏のヒマワリに続いて植えられるコスモスは赤、白、ピンクなどが入り交じる。広さは約2万3000㎡。

東益津地区

焼津市中里　地図P137

焼津市中里の150号バイパス沿い・東益津郵便局付近の休耕田では数年前からコスモスを栽培している。高草山をバックにピンク色のじゅうたんが広がる。

〔藤枝市〕花期／10月
問／藤枝市役所岡部支所　☎054-667-3411
交通／東名焼津ICから10km

〔掛川市〕花期／10月中旬～11月上旬
問／掛川市文化会館シオーネ　☎0537-72-1234
交通／東名掛川ICから県道38号で9km

〔焼津市〕花期／10月下旬
問／焼津市観光協会　☎054-626-6266
交通／東名焼津ICから1.5km

500万本が咲き誇る360度の大パノラマ

袋井市

松原地区のコスモス

南北に走る市道が、国道150号と交わる手前の広大な休耕田。遠くからも田んぼの色が違って見えるからすぐに分かる。

袋井市の旧浅羽町は、県下有数の米どころ。見渡す限りの水田という立地を生かして、毎年県内最大のコスモス畑が出現することで有名だ。その広さは8万㎡。株数はなんと500万本にもなるそうだ。

少し高めの目線から、360度の大パノラマが楽しめる花見台が設置されるほか、大人もつい童心に戻ってしまう巨大迷路、農産物販売コーナーなども登場し、一番の見頃にはコスモス祭りが開催される。

特徴的なのは一般的な赤・ピンク・白の混植のほかに、オレンジ系のキバナコスモスの群生が見られること。

祭りの翌日からは花の摘み取り、持ち帰りが自由にできるのもうれしい。

袋井市松原地区　地図 P138
花期／9月下旬～10月下旬
問／袋井市産業振興係　0538-23-9216
交通／東名袋井ICから10km

日帰り温泉「和の湯」

あさばの牛乳、子メロン漬け

牧之原市ほか

茶

花言葉は「謙遜」の目立たぬ花

伊豆半島は別としても、県内で茶畑を見ない所はない。丁寧に仕立てられた株の連なりは、ある所では大きなうねりとなり、またある山の斜面では階段状をなす。

新芽のまばゆい茶畑と残雪の富士山は、茶どころ静岡のシンボル的風景でもある。

新茶の季節から夏を過ぎ、秋本番を迎える頃になると、2～3cmの花を下向きに咲かす。椿に似ていて香りもある。しかし、農家にとって花は厄介者でしかない。咲くか咲かぬ間に刈り込まれてしまい、あまり人目に触れることなく花を終える。

そんな茶の花の花言葉は「謙遜」なのだとか。

牧之原台地など県内各所　地図 P137　花期／10～11月

浜松市天竜区

浦川のソバ

山里が似合う素朴な花

最近は自前でそばを打つ人が増えた。のめり込んだら奥が深く、やめられないそうだ。そんなそば打ちがこだわる一つが、そば粉の元になるソバの実かも知れない。

そばは食しても、花は知らないという人も多い。昔は身近な所に植えられていたが、今ではあまり見かけない。少し規模の大きな畑を、佐久間町・浦川地区で見つけた。小さな花をいっぱいつけて、一面に白いカーペットを広げたようだ。澄んだ秋空の下で、静かに風に揺れていた。

浜松市天竜区佐久間町浦川　地図 P139　花期／10月中旬～下旬
問／浜松市佐久間観光協会　☎053-965-1651
交通／東名袋井ICか浜松ICから国道152号経由60km　Pなし

伊豆市、三島市、沼津市

虹の郷、楽寿園、御用邸のキク

県東部で個性豊かに菊花展

修善寺虹の郷菊花まつり

伊豆市修善寺4279-3 地図P135

修善寺虹の郷で繰り広げられる「菊花まつり」は県下有数の菊の祭典。その前身は昭和30年代から地元で開かれてきた歴史ある菊花展だそうだ。近隣の菊愛好家が丹精込めて育てた自慢の菊は、それぞれ表情があって奥が深い。競技花のほかに艶やかな小菊や洋菊、自在にアレンジされた懸崖、オブジェなどで会場はまさに菊一色。優雅な琴の音を聞きながら、秋の陽を浴びて庭園めぐりをしても楽しい。

三島楽寿園 菊まつり

三島楽寿園菊まつり

三島市一番町19-3 地図P136

市立公園楽寿園で約1カ月間開かれる。屋根いっぱいに菊を敷きつめた「五重塔」など大型盆景が見事。数日間はライトアップもされる。

沼津御用邸記念公園菊華展

沼津市下香貫島郷2802-1 地図P136

色鮮やかな菊のほか、竹のインスタレーションなども展示され荘厳な雰囲気を醸し出す。茶席なども設けられて華やかに開催される沼津の秋の風物詩。

〔修善寺虹の郷〕
花期／10月中旬～11月
問／📞0558-72-7111
入園料／大人1200円、小人600円
交通／東名沼津ICから国道136号経由25km

〔三島楽寿園〕
花期／11月　問／📞055-975-2570
入園料／大人300円、小人50円
交通／ＪＲ三島駅から徒歩1分、東名沼津ICから7km

〔沼津御用邸記念公園〕
花期／11月上旬～中旬
問／📞055-931-0005
入園料／大人400円、小中学生200円
交通／東名沼津ICから県道83号経由9km

修善寺虹の郷 菊花まつり

下田市、伊東市

伊豆半島のイソギク

白浜では祭りを開催

秋の深まりとともに、伊豆海岸沿いの岩場で黄色い花が目に留まる。キク科の多年草イソギク。千葉県犬吠埼から御前崎までの太平洋岸と、伊豆諸島に自生する花だ。

白浜海岸近くの「イソギクの里」では原種のイソギクに改良を加えた数百万輪が咲き乱れ、イソギク祭りも開かれる。下條川沿いに700 mにわたって黄金色の花の帯が続く。

断崖や奇石、吊り橋など変化に富んだハイキングが楽しめる伊東市城ケ崎海岸のピクニカルコースでは、日当たりの良い岩場に身を寄せ合うように咲く原種の群生が見られる。

下條川沿いのイソギク

イソギクの原種

〔下田市〕下田市白浜原田地区
地図 P135
花期／11月　問／下田市観光協会
📞0558-22-1531
交通／伊豆急下田駅から白浜方面行きバスで15分

〔伊東市〕伊東市城ケ崎海岸
地図 P135
花期／10月下旬～11月
問／伊東観光協会　📞0557-37-6105
交通／JR伊東駅から15km、
伊豆急城ヶ崎海岸駅から徒歩10分

下田市

寝姿山のツワブキ

艶やかな葉が名前の由来

半日陰の場所で丸い葉の間から長い茎を伸ばし、黄色い花を咲かせる石蕗（ツワブキ）。葉に光沢があり、形がフキに似ることから「艶蕗」と呼ばれ、それが訛ってツワブキになったそうだ。九州名産の佃煮「煮キャラブキ」はこの茎で作られている。薬用としても昔から重宝がられてきた植物だ。

市街から見ると女性の寝姿に似ているという下田市寝姿山の頂上付近、寝姿山自然公園にはツワブキが多く植わる。見頃には一面が黄色に染まる。

下田市寝姿山　地図 P135
花期／11月～12月初旬
問／下田市観光協会　📞0558-22-1531
交通／伊豆急下田駅からロープウェイ

静岡市葵区・梅ケ島周辺

安倍峠、大谷崩の紅葉

雄大な自然に魅了される安倍奥

安倍峠

木々が秋の深まりとともに黄、橙、赤へと表情を変える紅葉は、古から人を魅了する秋の風物詩だ。

全長が約50㎞と短い割に、源流部の標高が2000m近くある安倍川沿いは、さまざまな色彩美が堪能できる人気の紅葉スポットだ。

山梨との県境・安倍峠辺りは梅ケ島温泉を起点に楽しみ方も色々で、道路状況によってはマイカーでも入れる。峠へは、梅ケ島温泉横から

大谷崩

山梨へ通じる林道を登る。峠付近は富士山も望め、カエデやブナ、ミズナラ等が見事な赤や黄色に染まり、一年最後のフィナーレを演じてみせる。

大谷崩は宝永4年の大地震で崩れた日本三大崩れの一つ。山頂から大きく崩れ落ちた荒々しい山肌と紅葉のコントラストが一風変わった景観を生み出している。

帰路は温泉に立ち寄るのもよし、那智の滝に次ぐ高さを誇る安倍の大滝辺りを散策するのもいい。

静岡市葵区安倍峠、大谷崩　地図 P137
見頃／10月下旬～11月上旬
問／静岡観光コンベンション協会
054-251-5880
交通／東名静岡ICから県道27号、29号で梅ケ島温泉まで50km　Pあり

梅ケ島新田温泉「黄金の湯」

「魚魚（とと）の里」のヤマメ料理

山麓の標高差が生む時間差の紅葉

富士山周辺

御殿場市、裾野市、富士市

標高差のある富士山麓の秋は、平地とは違った彩りと時間差を与えてくれる。

最もダイナミックな紅葉は、富士宮市の「富士山スカイライン」を走破するコース。1000m～五合目の2400mまでと標高差があり、樹種も異なるため多彩な色彩が長期間楽しめる。

思わぬ色彩と風景に出合えるのは御殿場市印野の「富士山御胎内清宏園」。溶岩洞窟で有名な所だが、紅葉の美しさを知る人は少ない。園内はナラ、クヌギが赤や黄に染まり、別世界に迷い込んだかのよう。

裾野市須山の「頼朝の井戸の森」周辺もおすすめ。ブナ、ナラ、ケヤキ、カエデなど高原地の紅葉はリゾートの雰囲気が漂う。

さらに下って富士市大渕の「丸火自然公園」は、標高500～600mの自然林のなかに遊歩道やアスレチック、キャンプ場があり、紅葉に包まれて思い思いのひと時が過ごせる。

富士山麓エリア　地図 P136
見頃／10月下旬～11月中旬
問／御殿場市観光協会　📞0550-83-4770
交通／富士山御胎内清宏園：東名御殿場ICから10km、頼朝の井戸の森：東名裾野ICから14km、丸火自然公園：東名富士ICから12km

伊豆・天城路

伊豆市～河津町

文学と紅葉を満喫

伊豆半島の紅葉は遅く、県内の見所が終わるころからピークを迎える。山全体が燃えるように紅葉する天城は県内有数の名所。なかでも極めつけは「滑沢渓谷」だ。

約16kmのハイキングコース「踊子歩道」の途中にあり、漆黒の安山岩の間をほと走る渓流と真っ赤な落ち葉は絶妙だ。

旧天城トンネルから歩道に沿って七滝（ななだる）まで歩けたら最高。寒天橋付近の「二階滝」は錦絵を見るよう。森林浴を楽しみながら、河津川沿いに下っていくと、平滑の滝、七滝最初の釜滝、そして踊子像がある初景滝、ゴールはループ橋下の大滝まで、清流と赤や黄の色模様が疲れも感じさせない。

伊豆市湯ケ島　地図 P135　見頃／11月下旬～12月上旬
問／伊豆市観光協会天城支部　📞0558-85-1056
交通／東名沼津ICから国道414号で「道の駅・天城越え」まで41km。天城トンネルまで44km

伊豆市修善寺

修善寺自然公園 もみじ林

伊豆では珍しいもみじの群生

温泉街から少し離れた修善寺自然公園は、広大なもみじの群生林があることで知られる。丘陵地にイロハカエデ、トウカエデ、オオモミジなどのカエデ類が約１０００本と伊豆では最大の規模。大正末期に町制施行を記念して植栽された。温暖な気候から、全国的にも遅い紅葉が楽しめる。

　11月下旬、起伏のある丘陵地に植わる美しい木立は赤や黄に染まり、散策路を歩きながら下からの透かし見、斜め上からの俯瞰、北側からの逆光模様など、変化に富んだ紅葉の表情が見られる。温泉街の桂川沿いの散策道「竹林の小径」や修禅寺境内もおすすめ。

伊豆市修善寺　地図 P135　見頃／11月下旬〜12月上旬
問／伊豆市観光協会　0558-73-0001
交通／東名沼津ICから国道1号、国道136号で27km、修善寺駅から虹の郷行きバス
Pあり（有料）

修善寺しいたけの里　修善寺産黒米を使った加工品、アジ寿司

川根本町

寸又峡の紅葉

ＳＬが走る大井川鉄道の最終駅、千頭から寸又峡方面へ向かうと、うっそうとした山道から突然、美女づくりで有名な温泉街が現れる。そこから寸又峡のシンボル「夢の吊り橋」を目当てに、紅葉の季節には観光客が後を絶たない。

大井川水系の水は独特のエメラルドグリーン。この上に架かる長さ90ｍの吊り橋から眺める景色はまさに絶景。赤や黄色に色付いた木の葉が頭上を舞い、水面にも絵模様を描く。温泉街から「夢の吊り橋」、「飛竜橋」を結ぶ１周約１時間30分の散策コースは、深い谷間と山の景観がいっそう見事。自然をたっぷり満喫したい人におすすめだ。紅葉狩りの後は、南アルプスの麓から自噴する天然温泉にゆっくり浸かるのも楽しみの一つ。

「夢の吊り橋」から眺める絶景

榛原郡川根本町
地図 P137
見頃／11月中旬～下旬
問／川根本町まちづくり観光協会 ☎0547-59-2746
交通／静岡市内から国道362号で60km、大井川鉄道千頭駅からバスで40分 Pあり

白沢温泉「もりのいずみ」

もみじ寿司、猪鹿肉まん

静岡市葵区

畑薙第一ダム

ダム湖を囲む錦絵の屏風

奥大井の紅葉狩りも一般的に入れるのは畑薙第一ダム付近まで。３０００ｍ級南アルプスの前衛の山々がダムの周辺を取り巻き、色付きは奥から、また頂から始まる。

大井川すじの紅葉に共通するが、常緑樹が混ざり、赤、黄、緑のまだら模様が山肌を彩る。抜けるような空、青碧色の湖面、そこに錦絵の屏風のような山が迫る。井川高原も「少年自然の家」の先辺りの色付きが見応えがあっておすすめ。

静岡市葵区田代　地図 P137
見頃／10月下旬～11月上旬
問／井川観光協会　📞054-260-2211
交通／東名静岡ICから県道27号、60号で92km　Pあり

川根本町

接岨峡

鉄橋とトロッコ列車

長島ダムが完成して、接岨峡付近まで道路が良くなった。また、大鉄・井川線も国内唯一のアプト式鉄道やレインボーブリッジ、湖上駅の出現で景観が大きく変わった。だが、アーチ型の関の沢鉄橋だけは今も変わらない。

秋の深まりとともに、山の緑に赤や黄色が次第に増して趣が一変する。トロッコ列車がゆっくりと鉄橋を渡る。ここは絶好の撮影ポイント。列車の通過時刻が記された立て札がある。

榛原郡川根本町　地図 P137　見頃／11月上旬～中旬
問／川根本町まちづくり観光協会　📞0547-59-2746
交通／東名相良牧之原ICから国道473号で75km。東名静岡ICから国道362号経由56km。大鉄・井川線接岨峡温泉駅から徒歩15分　Pあり

森町

大洞院

趣のある古刹と紅葉の調和

次郎長の子分、森の石松の墓があることで有名な曹洞宗の古刹。静寂な佇いの境内には、カエデの類が多くあり、春には爽やかな新緑、秋には見事な色付きを見せてくれる。11月下旬、紅葉のピークには「紅葉まつり」が開かれる。次郎長と石松を模した「勝運だるま」など、ここでしか手に入らないユニークな開運グッズもある。

周智郡森町橘249　地図 P138
見頃／11月中旬から12月初め
問／大洞院　📞0538-85-2009
交通／東名袋井ICから13km　Pあり

長泉町

駿河平のイチョウ並木

街を黄金色に染めるイチョウも立派な秋の装い。長泉町北部の駿河平大通りはイチョウ並木が2km以上も続く。

通り沿いにはベルナール・ビュフェ美術館、井上靖文学館などがあり文学散歩にも絶好の場所。晴れていれば富士山が黄金の帯の上空にそびえて壮観。

駿東郡長泉町駿河平大通り　地図 P136　見頃／11月下旬
問／長泉町産業環境課　055-989-5516
交通／東名沼津ICから8km

三島市

日大前のイチョウ並木

ＪＲ三島駅北側の県道三島裾野線の両側は、約400mにわたり並木が続き、文教地区にふさわしい光景を見せる。夏は歩道に心地よい木陰をつくり、晩秋には黄金の花道ができあがる。戦前１９２０年頃、この地に連隊が移転してきたことを記念して植えられたものと聞く。今では樹高も幹の太さも見応えある姿に成長している。

三島市文教町　地図 P136
見頃／11月下旬～12月初旬
交通／JR三島駅から500m

富士宮市

西山本門寺の大イチョウ

芝川スポーツ広場近くの丘陵地にある古刹・西山本門寺は、信長の首塚があることでも知られる。下馬札の立つ黒門からうっそうたる杉木立の石段を上がる。この本堂前に樹齢300年を超える大イチョウがある。高さは30m以上、根回り5～7mと県内でも有数の大樹だ。11月下旬、冷え込みとともに黄金の輝きを増す。やがて舞い落ちた扇形の葉は地面が見えなくなるほど降りつもり境内を金色に染める。

富士宮市西山　地図 P137　見頃／11月
問／西山本門寺　0544-65-0242
交通／東名富士ICから国道469号経由24km、JR芝川駅から5km　Pあり

裾野市、富士市

富士山南麓のススキ野原

逆光に輝く 穂波の大海原

ススキだって立派な花の仲間。尾花ともいい、秋の七草の一つに数えられる。一本ずつではあまり目立たない花穂も、群生するとそれは見事だ。

秋、富士山南麓の自衛隊東富士演習場一帯を訪れると、辺りはまさにこのススキ一色、ススキが原だ。起伏に富んだ大地は、まるで柔らかな羊の背中のよう。

国道469号を御殿場側から裾野市十里木方向に車を走らせる。逆光に輝く柔らかな穂は、風に遊ばれながら、時に金色に、またある時には銀色に輝いて、大きなうねりとなる。右手には新雪の富士山が寄り添って、どこまでもついてくる。

十里木の先、越前岳の登り口駐車場周辺もおすすめ。ここからはススキ越しの富士山が絵になる。

また富士市の富士山こどもの国では、高さ2mにもなるススキを利用した「ススキの迷路」が毎年登場し、家族連れの人気を集めている。

裾野市須山周辺
地図 P136　見頃／11月
問／裾野市商工観光室
055-995-1825

〔富士山こどもの国〕富士市桑崎
地図 P136　見頃／11月
問／0545-22-5555
交通／東名御殿場ICから8km、裾野ICから9km

忠ちゃん牧場、ヘルシーパーク裾野

ニジマスの燻製、山芋そば

熱海市

下多賀のヒマラヤ桜

ネパールからの贈り物

ヒマラヤ桜は、ヒマラヤ山脈の標高2000m前後の温暖帯に分布し、日本の桜の原種と言われる。その桜が熱海市下多賀の熱海高校校門近くに3本ほどあり、毎年11月下旬になると冬空の下、薄いピンク色の花を咲かせる。

この木は1967年頃、当時日本に留学中だった元ネパール国王から種子を譲り受け、大切に育てられたもの。環境浄化木としても注目されており、熱海市では、ヒマラヤ桜の散策路を今後、整備していく予定だそうだ。

熱海市下多賀　地図 P136　花期／11月下旬～12月
問／熱海市花とみどり推進室　☎0557-86-6241
交通／熱海駅から国道135号を南へ7km

山門へと導く花のトンネル

島田市

天徳寺のサザンカ

千葉山智満寺の登り口に佇む天徳寺。寺の歴史は古く、山門は県の文化財に指定されている。

ここはサザンカの寺として知られる。朱の冠木門をくぐると、約50本の古木が70mにわたってトンネルをつくり、山門へと導いてくれる。花の多くは高い位置にあって、ちょっと残念な気もするが、よくここまで育ったものだと驚く。

初冬の花の少ない時期、この花は庭に、街路樹にと重宝される。サザンカとツバキは一見見分けがつきにくい。花の終わりに花びらがはらはらと散るのがサザンカ、ツバキは花全体が首元からぽたりと落ちる。

島田市大草911　地図 P137　花期／10月～11月
問／天徳寺　☎0547-37-3724
交通／国1バイパス野田ICから3km　Pあり

河津町

かわづカーネーション見本園

冬と春だけ開園　1万3千本の見本園

母の日に贈る花と言えばカーネーション。ナデシコ科の多年草で、和名は和蘭石竹（オランダセキチク）。江戸初期に日本に伝わったようだ。

昭和17年頃からこの花の栽培を始め、県内一の生産量を誇る河津町が、もっとこの花の魅力に触れてもらおうと季節限定のカーネーション園をオープンさせた。2棟のハウスのうち一棟では町で生産している約40品種、もう一棟では、市場にまだ出回っていない試験栽培中の品種200種以上を一般公開している。色、大きさなど最近はバリエーションがぐんと増えたカーネーション。天城の地下水が花にもいいのか、河津産は花持ちの良さにも定評があるそうだ。

賀茂郡河津町田中　地図 P135　期間／12月第3日曜～翌年5月第2日曜日（水曜休園。河津桜まつり開催中、かわづ花菖蒲園開園中は無休）
入園料／一般300円、小・中学生100円
問／河津町観光協会　℡0558-32-0290
交通／伊豆急行河津駅から徒歩10分　Pあり

河津バガテル公園、かわづ花菖蒲園　南伊豆漁協の海産物

御殿場市

秩父宮記念公園のクリスマスローズ

冬庭を彩る球根花

早春に可憐な姿で冬の庭を飾る球根花として、人気が上昇しているクリスマスローズ。明治時代に、薬用植物として日本に伝わり、和名は「寒芍薬」(かんしゃくやく)。原種は「初雪起こし」などと呼ばれ、茶花としても親しまれてきたそうだ。

四季折々の花が楽しめる秩父宮記念公園では、カンツバキの花が終わる頃、この花のつぼみがゆっくりとふくらみ始める。恥じらうようにうつむいて咲くが、群生すると見応えがある。早咲きが12月下旬から咲き始めるが、最も豊富に咲きそろうのは1月末から2月。モミジバフウの庭や母屋付近でさまざまな色の花に出合える。

御殿場市東田中　地図 P136　花期／12月下旬〜4月中旬
問／秩父宮記念公園　0550-82-5110　入園料／一般300円、小中学生150円
交通／東名御殿場ICから1km、JR御殿場駅からバス「二の岡」下車　Pあり(有料)

御殿場高原時之栖　オリジナル絵葉書

伊豆市、下田市

伊豆半島のアロエ

エキゾチックな赤いとんがり帽子

空に向かってすっと伸びる赤いとんがり帽子。まるでおとぎの国のようなアロエの花は、伊豆、下田方面に多く自生する。

伊豆西海岸土肥地区の八木沢・小下田付近の国道136号沿いにこの群生が見られる。天気が良ければ富士山が遠望でき、眼下には駿河湾が広がる。

一方、下田市白浜の板戸にある「アロエの里」はアロエ祭りが開催されることでも知られる。

海岸近くの群生はまるで燃え立つ炎のよう。波打ち際に遊歩道が続き、花の帯が青い海に一段と映える。祭り期間中、地元の民宿では名物のアロエ料理やアロエ風呂を提供する宿もある。

〔伊豆市〕八木沢・小下田（土肥地区）　地図P135　花期／12月上旬～2月中旬
問／伊豆市土肥観光協会　☎0558-98-1212　交通／東名沼津ICから小下田まで56km

〔下田市〕白浜「アロエの里」　地図P135　花期／12月上旬～2月中旬
問／伊豆白浜観光協会　☎0558-22-5240
交通／伊豆急下田駅から板戸行きバスで20分

下田市白浜のアロエ

伊豆市土肥地区のアロエ

12月●ツバキ

伊東市

小室山公園のツバキ

世界の1000種が揃う

ツバキは常緑の花木。サザンカや茶などと同じカメリア属の植物で、品種は1200以上とも言われる。原産地は日本で、学名も「カメリア・ジャポニカ」という。

伊豆大島のツバキは昔から有名だが、対岸のここ伊東のつばき園は、種類の多さでは県内一に違いない。春、ツツジの名所として知られる同園の西側一帯がつばき園。その数約1000品種、4000本で、野生の種、古くからの園芸品種、華やかな帰化品種などが所狭しと植えられている。

これだけ種類が豊富だと花期も長い。花暦では2月の花とされているが、11月から4月頃まで代わる代わる咲き続ける。

伊東市川奈小室山　地図 P135　花期／11月～4月
問／伊東観光協会　0557-37-6105
交通／JR伊東駅から6km（バスあり）、伊豆急川奈駅から徒歩20分、
東名沼津ICから中伊豆バイパス経由 48km　Pあり

毘沙門天芝の湯、小室山観光リフト　伊東銘菓「ホール・イン」

浜松市浜北区

万葉の森公園

万葉人に思いを馳せながら

万葉集の中に、浜松市ゆかりの歌がいくつかあることから、万葉植物300種を中心に整備された公園。県内でも稀な、万葉植物にこだわったところがうれしい。派手さはないが、万葉人が愛でた草花には日本人の心情が宿っている。

この園内の一角につばき園があり、約200種400本のツバキが見事な林をなす。冬の公園は花が少なめだが、ここだけは元気だ。

ほかにも園内には万葉資料館、草木染めなどができる体験工房、万葉人の食事を味わえる万葉亭(要予約)などがある。県立森林公園や緑花木センターにも近いので、ツバキの時期に限らず訪れたい。

浜松市浜北区平口5051-1　地図 P139　花期／12月～4月
問／万葉の森公園　053-586-8700　交通／東名浜松ICから13km

静岡市駿河区

静峰園 椿の里

眺めの良い園内に500品種

なだらかな日本平の丘陵地にある「椿の里」は、静岡市街に近いこともあって、花の愛好家の間では人気のスポット。

約6000㎡の敷地に約500種のツバキが植えられている。毎年正月明けから開園し、茶室では一服の抹茶(500円・椿餅付き)もいただける。

緩い傾斜地の植え込みの中ではロウバイやマンサクなど、春に先駆けた花の姿も楽しめる。ここからは眺望も良く、富士山、南アルプスの山並み、静岡市街などが一望できる。

静岡市駿河区池田2113-4　地図 P137　花期／1月～3月(この期間だけ開園)
問／静峰園 椿の里　054-262-1228　交通／東名静岡ICから7km　Pあり

下田市

爪木崎のスイセン

芳香漂う岬に広がる花園

さすが南国伊豆下田、太陽がまぶしい分、季節の訪れも早い。

近くに須崎御用邸がある爪木崎では、寒さが厳しい12月の下旬からスイセンが咲き始める。群生地で有名なこの岬では、波の穏やかな入り江に面した東側斜面や花壇に、以前から自生していた野生のスイセンと後から植え付けたもの、合わせて約300万本が次々と花を咲かせる。独特の甘いふくよかな香りが海風に乗って、辺り一面に漂う。

岬の先端部には白い灯台が立つ。相模灘、伊豆七島が眺められる太平洋がどこまでも続く。

下田市須崎爪木崎　地図 P135　花期／12月下旬～1月　問／下田市観光協会　📞0558-22-1531
交通／東名沼津ICから78km　Pあり（有料）

玉泉寺、海遊の足湯　おふくろまんじゅうの店の「おふくろまんじゅう」

10・11・12月　その他の花だより

花	所在地	花期	問い合わせ先	
ソバ	袋井市・三川地区（見取）	10月	てらだ工房	0538-48-7917
コスモス	菊川市・三沢地区	10月～11月上旬	菊川市商工観光課	0537-35-0937
コスモス	静岡市葵区井川・リバウェル井川	10月中旬～11月上旬	静岡市観光課	054-221-1105
バラ	富士市永田町・中央公園	10月中旬～11月上旬	富士市商業労政課	0545-55-2777
十月桜	伊東市富戸・さくらの里	10月～11月	伊東観光協会	0557-37-6105
紅葉	川根本町・山犬段、大札山	10月下旬～11月上旬	川根本町企画観光課	0547-58-7077
紅葉	浜松市・天竜スーパー林道	10月下旬～11月	浜松市観光交流課	053-458-0011
紅葉	浜松市天竜区春野町・明神峡	11月上旬～中旬	浜松市春野総合事務所	0539-83-0006
紅葉	藤枝市瀬戸ノ谷・滝ノ谷不動峡	11月下旬～12月上旬	藤枝市観光協会	054-645-2500
紅葉	伊東市吉田・一碧湖	11月下旬～12月上旬	伊東観光協会	0557-37-6105
紅葉	富士市・須津川渓谷	11月中旬～下旬	富士市商業労政課	0545-55-2777
紅葉	富士宮市・田貫湖周辺	11月中旬～下旬	富士宮市観光協会	0544-27-5240
紅葉	熱海市梅園町・熱海梅園	11月下旬～12月中旬	熱海市観光協会	0557-85-2222
ツバキ	下田市・下田公園	12月～3月	下田市観光協会	0558-22-1531
寒咲トリトマ	御殿場市東田中・秩父宮記念公園	12月～1月	秩父宮記念公園	0550-82-5110

明神峡の紅葉（浜松市天竜区春野町）

下田公園のツバキ（下田市）

春夏秋冬●しずおか花めぐり

四季折々の彩りが楽しめる花名所

秩父宮記念公園

春 枝垂れ桜、カタクリ(黄)
チューリップ、ワスレナグサ

夏 アジサイ、ユリ、アメリカフヨウ
シャクナゲ、オカトラノオ

秋 シュウメイギク、紅葉、オキザリス
這性サルスベリ、ノハラアザミ、キク

冬 カンツバキ、フクジュソウ、
ユキツバキ、スノードロップ

落ち着きのある庭で 四季の草花を堪能

故秩父宮・同妃両殿下が戦中戦後を過ごされた御殿場別邸が、妃殿下のご遺言によって御殿場市に遺贈され記念公園として平成15年から一般公開されている。ヒノキの木立の長いエントランスを進むと中門(案内所)、さらに進むと大きなモミジバフウの木が出迎える。その先は、手入れの行き届いた花園が広がり、200種にも上るという季節の草花が目を楽しませる。散策路が幾すじにも分かれているが、行き着く所は趣のある茅葺きの母屋(記念館)。享保8年(1723)築の家屋をわざわざ移築して住まわれたという。両殿下が寛がれた在りし日のままの内部を見学でき、ゆかりの品々も展示されている。庭の一角には登山服姿の若き殿下の銅像が富士山に向いて立つ。季節の草花が古風な母屋の佇いとよく溶け合い、いつ訪れてもゆったりとした時が流れる癒しの庭だ。

御殿場市東田中1507-7　地図 P136　☎0550-82-5110　開園／9:00～16:30（入園16:00まで）　休園日／第3月曜（祝日の場合翌日）、年末年始　入園料／一般300円、小・中学生150円　交通／東名御殿場ICから車で1km、JR御殿場駅からバス「二の岡」下車　P／80台　有料・普通車200円

掛川花鳥園

通年
熱帯性スイレン、ベゴニア
エンジェルストランペット
ハナショウブ（5月のみ）

必見の熱帯性スイレン 色鮮やかな花と鳥たちがお出迎え

10ヘクタールの敷地に、国内最大級の大温室（7000㎡）を備え、花と生き物とのふれあいをテーマにした花鳥園。広さが自慢の大温室は球根ベゴニア、インパチェンスなど鮮やかな花が一年中咲き乱れる。なかでも1500㎡の池に約100品種が集められた熱帯性スイレンは品種の数、施設の規模とも国内随一でスイレンが好きな人は必見。また熱帯アメリカ原産のエンジェルストランペット（別名／ブルグマンシア）も100種類ほど見られる。フクロウ、オオハシ、ペンギン、エミューなど珍しい鳥との触れ合いもここならでは。カラフルな鳥がのびのびと上空を飛び回る温室内にいると、まるで南国に来たかのように錯覚してしまいそう。

売店にはフクロウグッズが豊富にそろい、見応えがあって楽しい。

熱帯性スイレン

エンジェルストランペット

掛川市南西郷1517　地図 P138　☎0537-62-6363　開園／年中無休 9:00〜17:00（入園は16:30まで）　入園料／大人1050円、小学生525円　交通／東名掛川ICから1km、JR新幹線掛川駅より南へ700m　P／無料

修善寺虹の郷

春 サクラ、ツツジ、シャクナゲ、フジ
夏 ハナショウブ、アジサイ、ユリ
秋 キク、バラ、ハギ、紅葉
冬 スイセン、ウメ、パンジー

花と文化とＳＬと
大人も子供も楽しめるテーマパーク

季節の花々やミュージアムなど見どころ満載。古き良き時代を再現したイギリス村やカナダ村、江戸独楽・友禅など伝統工芸に触れる匠の村、地元の味覚が買える伊豆の村など、見て体験して味わって、一日のんびり過ごせそう。世界の150品種が植わる「しゃくなげの森」や「菖蒲園」「ばら園」「もみじ林」など見応えも十分。園内を走る日本で唯一の英国製ミニSLは親子連れに大人気。車窓に広がる風景を存分に楽しめる。

伊豆市修善寺4279-3　地図 P135　☎0558-72-7111　開園／4月〜9月 9:00〜17:00、10月〜3月 9:00〜16:00　休園日／火曜日（季節により変更あり・祝祭日は営業）　入園料／中学生以上1,000円、4歳〜小学生500円（団体割引あり）　交通／東名沼津ICから国道136号で25km　P／有料（普通車300円ほか）

春 ナノハナ、ソメイヨシノ、大島桜

夏 ヘメロカリス、カノコユリ
キバナコスモス、ポピー

秋 ツワブキ、イソギク

冬 早咲き桜（河津桜、寒咲大島桜）

黄金崎
コレクションガーデン

静かな海に抱かれた美しい花園

安良里港と宇久須港の間にある黄金崎は、夕日を浴びると岬全体が黄金色に輝くことで知られ、県の天然記念物にも指定されている景勝地。この岬に整備された黄金崎公園の中にある「コレクションガーデン」では、年間を通じて約20種類の花が観賞できる。芝生の上に寝ころんだり、展望台から富士山を眺めたり、海沿いを散歩したりと絵画のような風景の中で、のんびりとした時間が過ごせ、夕暮れ時には水平線に沈む夕日がため息がでるほど美しいおすすめスポット。

賀茂郡西伊豆町宇久須黄金崎公園内　☎0558-55-0412（西伊豆町観光協会宇久須案内所）　地図 P135
開園／年中入場自由　入園料／なし　交通／伊豆箱根鉄道修善寺駅からバス70分「黄金崎クリスタルパーク」下車徒歩10分　東名沼津ICから船原トンネル経由61km　P／100台（夏季のみ有料　1日普通車1000円）

遠江一宮 小國神社

- 春 ウメ、サクラ、ミヤマツツジ、シャクナゲ、シャガ
- 夏 ハナショウブ、アジサイ、セッコク
- 秋 キク、紅葉
- 冬 サザンカ

日本古来の花々が迎える古代の森

「遠州の小京都」と呼ばれる森町の小國神社は古くから開運福徳・縁結びの神様として敬われてきた。参道にスギ、ヒノキの大木が林立し静寂な自然美に溢れる同神社では、しっとりした和の風情に合う花々が四季の巡りを告げる。神域内にある一宮花しょうぶ園は5月下旬から次々と花開く。古代の森を背景に眺めるハナショウブはまた格別で、多くの人が花を目当てに訪れる。遅い紅葉が楽しめることでも知られ、晩秋には境内右手を流れる宮川の朱塗りの太鼓橋が独特の風情を醸し出し、紅葉舞台の主役を務める。

周智郡森町一宮3956-1　地図 P138　☎0538-89-7302
開園／9:00～17:00　入園料／中学生以上300円（一宮花しょうぶ園）　交通／東名袋井ICから13km、天浜線「遠江一宮駅」から送迎バスで10分（要問い合わせ）　P／800台　無料

はままつ フラワーパーク

春 ソメイヨシノ、八重桜、チューリップ、ミズバショウ、バラ、ニオイバンマツリ
夏 ハナショウブ、アジサイ、ササユリ ハナハス
秋 バラ、アメジストセージ、キク、トピアリー
冬 スイセン、ツバキ、ウメ、早咲きの桜、ナノハナ

3000種10万本！ 舘山寺温泉すぐ近くの花の国

広大な園内に集められた花と植物はなんと3000種10万本。全国に自生する約50種ものツツジを集めた原種ツツジ園や八重桜の並木、ハナショウブ園、野生アジサイ園など園内のあちらこちらで色々な花景色を堪能できる。リニューアルによって大温室「クリスタルパレス」や「ローズガーデン」など新しい見所も増えた。花の魅力を五感で楽しむ、親子で参加できるイベントも開かれているので要チェック！

浜松市西区舘山寺町195　地図 P139　053-487-0511　開園／9:00～16:30（5～9月は17:00まで）
無休　入園料／大人800円、小中学生350円（浜松市動物園との共通券あり）※季節により夜間開園あり
交通／東名浜松西ICから6km、JR浜松駅からバス「舘山寺温泉」行きで40分　P／537台　有料（普通車200円）

浜名湖ガーデンパーク

花と緑と水辺を楽しむ
湖畔の都市公園

春　サクラ、チューリップ、ポピー
ベニバスモモ、ホスタ

夏　ジャカランダ、シャクヤク、バラ
ホリホック、ムクゲ

秋　サルビア、アメジストセージ
パンパスグラス、リコリス

冬　スノードロップ、フクジュソウ
ツバキ、クリスマスローズ

花博の跡地が「緑と水辺の都市公園」として生まれ変わった。フランス・ジヴェルニーの雰囲気を忠実に再現して人気を博したモネの庭は、時を重ねてさらに雰囲気を増し、素敵な庭を堪能できる。園内を巡れば国際庭園の名残の珍しい樹木とも再会でき、飽きることがない。湖面を渡る風はさわやかで、展望塔からは360度のパノラマも見渡せる。寄せ植えや押し花、アレンジメントが楽しめる体験学習館（土日が中心）、噴水などで水遊びができる広場も家族連れに人気だ。

浜松市西区村櫛町5475-1　地図 P139　℡053-488-1500（浜名湖ガーデンパーク管理センター）
開園／8:30～17:00　年中無休（年末年始を除く）　入園料／無料（展望塔300円など一部有料）
交通／東名浜松西ICから13km　P／1600台　無料

春

4月中旬…糸枝垂れ、雨情枝垂れ、菊枝垂れ、紅枝垂れ、吉野枝垂れ、八重紅枝垂れ

4月下旬～5月上旬…九尺フジ、長崎一才フジ、白花美短フジ、白長フジ、本紅フジ、海老茶フジ、八重黒竜フジ、紫甲比丹フジ、錦フジほか

安倍川花木園

春限定オープン 枝垂れ桜とフジのお花見広場

静岡市街地から北へ約20kmの安倍川上流に、サクラとフジの季節だけ開く花見処として2005年にオープン。周囲を山々に囲まれ、小鳥のさえずりも聞こえる約1万坪の園内は、お花見に最適。澄みきったおいしい空気の中でお弁当を広げ、思う存分きれいな花景色を堪能できる。4月中旬に「しだれ桜まつり」、4月下旬から5月上旬には「ふじ花まつり」が開かれ、期間中は各種売店も設置される。

静岡市葵区横山字梅ノ木原450　地図 P137　℡054-249-3111　開園期間／4月中旬（しだれ桜まつり）4月下旬～5月上旬（ふじ花まつり）10:00～17:00（入園は16:00まで）　休園日／雨天日は休園する場合あり　交通／JR静岡駅から20km、静岡駅からバス梅ケ島または有東木行き「横山」下車　P／道の駅「真富士の里」大駐車場450台 無料

花をすてきに撮る

花めぐりに出掛けると、花を見た感動を写真に残したくなります。
しかし実際に写してみると、思ったほどの「絵」にならないことも…。
「花を魅力的に撮る、ちょっとしたコツが知りたい」──そんな人へのアドバイス。

POINT 1 感動を切り取る

何を見て感動したのかを
自由な感性でファインダーにおさめてみよう。

色彩パターンの美　帯状、階段状、パッチワーク状など

◀群生を帯状のパターンとして切り取った例

同色の花なら手前の花を大きくし、奥行き感を▶

花の神秘性　接写のできるマクロレンズがあると有利

◀虫になった気分で、花芯をクローズアップ

花を終えた姿も、時には神秘的な被写体に▶

花の形　背景をすっきり・単純にするとフォルムが強調される

▲鷺に似ているサギソウは繊細な美しさ

▲閉じた花びらにも独特の表情があるハス

POINT 2
光を選んで、より美しく

光の選択で写真の出来栄えは劇的に変わる。撮りたいイメージに合わせて光（天候・時間帯）を選ぼう。

広い構図の群生や花景色
晴天の順光で明るい雰囲気に

◀イメージ通り強い太陽光が似合うヒマワリ

幻想的な花姿や接写
うす曇りの日を選ぶか日除けを使う

白や黄色の花は露出を半絞り〜1絞り程度プラス補正▶

逆光を上手に活用
花弁の薄い花や紅葉は逆光で

▲逆光で花弁が透き通り美しさが増す

▲背景を暗くして被写体の魅力を引き出す

POINT 3
季節感や風物で個性を演出

自分なりの感性で季節感や現地の風物・自然を構図に盛り込むと、オリジナリティー溢れた写真になる。

現地ならではの風物
花との相乗効果が得られ、写真の魅力が増す

◀富士山と新幹線は静岡ならではの添景

水辺と花の調和
草花の性質や環境が生み出す自然の妙を表現

河口など水辺に多く群生するハマボウ▶

花と出合う 観光温室、観光庭園など

●**下賀茂熱帯植物園**　賀茂郡南伊豆町下賀茂　☎0558-62-0057
温泉熱を利用した温室に数千種類にのぼる美しい熱帯植物を展示

●**らんの里堂ヶ島**　賀茂郡西伊豆町仁科　☎0558-52-2345
原種8000種以上を所蔵。ラン展示のほか雄大な伊豆の眺望も楽しめる

●**熱川バナナワニ園**　賀茂郡東伊豆町奈良本　☎0557-23-1105
20種以上のワニのほか熱帯性スイレン、ハイビスカスなど熱帯の花木

●**天城万籟植物園**　伊豆の国市長者原　☎0558-79-0557
自然を生かした原風景の中で四季折々の山野草2000種が次々と咲く

●**伊豆洋らんパーク**　伊豆の国市田京　☎0558-76-3355
現代建築と熱帯植物の融合。館内にはギャラリーなど見どころ満載

●**城ヶ崎みはらしガーデン**　伊東市富戸　☎0557-51-1128
伊豆海洋公園内にある。青い海の絶景と季節の花、珍しい植物は必見

●**伊豆シャボテン公園**　伊東市富戸　☎0557-51-5553
個性あふれる5つの温室で世界のサボテンや多肉植物に出合える

●**富士国際花園**　富士宮市根原　☎0544-52-0880
大温室にオリジナルの大輪球根ベゴニアや珍しいフクシアを展示

●**はままつフルーツパーク**　浜松市北区都田町　☎053-428-5211
トロピカルドームなどで普段見る事がないフルーツの花が楽しめる

●**ハーブガーデン浜名湖グリーンファーム**　浜松市西区呉松町　☎053-487-0234
日本最多のハーブを大温室で栽培。ハーブグッズの店やレストランも充実

しずおか花の名所MAP

狩野川
伊豆スカイライン
伊東線
135
戸田のアブラギリ P48
井田のナノハナ P15
修善寺自然公園の紅葉 P107
修善寺虹の郷 P102・P126
修善寺梅林 P11
しゅぜんじ
御浜岬のスカシユリ P70
伊東のミカン P50
小室山公園のツツジ P41・ツバキ P
いとう
かわな
伊豆市
伊東市
林泉寺のフジ P53
松川湖のロウバイ P13
136
ふと
筏場のワサビ P22
大室山さくらの里 P34
土肥地区のアロエ P115
丸山公園のハマボウ P78
最福寺の枝垂れ桜 P37
いずこうげん
伊豆急行
黄金崎コレクションガーデン P127
414
天城グリーンガーデンのシャクナゲ P46
城ヶ崎海岸のイソギク P10
滑沢渓谷の紅葉 P106
西伊豆町
東伊豆町
天城二階滝の紅葉 P106
いずあたがわ
河津町
いずいなとり
那賀地区のワイルドフラワー P26
那賀川・大沢温泉のサクラ P30
河津川の河津桜 P17
かわづ花菖蒲園 P58
かわづカーネーション園 P113
河津バガテル公園のバラ P54
かわづ
松崎町
報本寺の枝垂れ桜 P37
下田市
板戸のアロエ P115
天神原植物園のササユリ P71
白浜のイソギク P103
寝姿山のリトルエンジェル P96・ツワブキ P103
伊浜のマーガレット P12
大賀茂のレンゲソウ P38
南伊豆町
いずきゅうしもだ
了仙寺のアメリカジャスミン P49
爪木崎のスイセン P118
下田公園のアジサイ P63
青野川のみなみの桜 P18
日野地区のナノハナ P14
南伊豆の古代ハス P76
入間のアガパンサス P66
田牛海岸のハマユウ P82
逢ヶ浜のハマダイコン P27
奥石廊のユウスゲ P78
青野川河口のマングローブ P82

御胎内清宏園の紅葉 P106
頼朝の井戸の森の紅葉 P106
十里木のアシタカツツジ P42
小山町
246
138
富士宮市
御殿場市
ごてんば
秩父宮記念公園 P114・P122
御殿場
469
駿河平のイチョウ P110
クレマチスの丘のクレマチス P80
富士山こどもの国のススキ P111
十里木のススキ P111
日大前のイチョウ P110
丸火自然公園の紅葉 P106
裾野市
裾野
富士市
三島楽寿園のキク P102
三島梅花藻の星 P48
富士
姫の沢公園のツツジ P42
長泉町
熱海梅園 P10
1
三島市
246
沼津
みしま
1
ふじ
浮島のレンゲソウ P38
蓮興寺のハス P76
アタミザクラ P13
ぬまづ
あたみ
お宮緑地のジャカランダ P64
公園のバラ P57
香貫山のサクラ P34
清水町
136
函南町
伊豆箱根鉄道
414
熱海市
アカオハーブ&ローズガーデン P65
柿田川公園のミシマバイカモ P48
御用邸記念公園のキク P102
沼津市
下多賀のヒマラヤ桜 P112
角萬旅館のハス P76
三嶋大社のサクラ P34・キンモクセイ P89
伊豆スカイライン
北条寺のヒガンバナ P92
伊豆の国市
狩野川
135
伊東のミカン P50
伊東線
戸田のアブラギリ P48
井田のナノハナ P15
修善寺自然公園の紅葉 P107
松川湖のロウバイ P13
林泉寺のフジ P53
浜岬のスカシユリ P70
修善寺虹の郷 P102・P126
しゅぜんじ
いとう
修善寺梅林 P11
かわな
伊豆市
小室山公園のツツジ P41・ツバキ P116
伊東市
136
ふと
土肥地区のアロエ P115
筏場のワサビ P22
城ヶ崎海岸のイソギク P103
最福寺の枝垂れ桜 P37
いずこうげん
大室山さくらの里 P34
伊豆急行
黄金崎コレクションガーデン P127
414
天城グリーンガーデンのシャクナゲ P46
西伊豆町
東伊豆町
いずあたがわ
河津町
天城二階滝の紅葉 P106
滑沢渓谷の紅葉 P106

139
畑薙第一ダムの紅葉 P109
富士桜自然墓地公園 P32
猪之頭のミツバツツジ P42
狩宿の下馬桜 P34
大谷崩の紅葉 P104
山伏のヤナギラン P84
安倍峠の紅葉 P104
大石寺下之坊のフジ P53
寸又峡の紅葉 P108
接岨峡の紅葉 P109
西山本門寺のイチョウ P110
興津のハゴロモノキ P67
469
ふじのみや
いかわ
江浄寺の白フジ P52
岩本山公園のウメ P9
かんぞう
富士川
川根本町
城北浄化センターのハナショウブ P60
52
大井川鉄道
安倍川花木園 P131
大札山の
アカヤシオ P44
せんず
静岡市
御殿山の
サクラ P35
安倍川
了玄のサクラトンネル P36
1
清水
城北公園のヒトツバタゴ P50
洞慶院のウメ P10
しみず
362
玉露の里のサルスベリ P83
船越堤公園の
サクラ P33
静峰園のツバキ P117
岡部のコスモス P98
久能山東照宮の
ヒカンザクラ P13
どうだん原の
ドウダンツツジ P40
藤枝市
しずおか
いえやま
丸子梅園 P6
駿府公園のツツジ P42
静岡
150
宝泰寺のジャカランダ P64
島田市
473
1
丸子川のイペー P47･サルスベリ P83
焼津
天徳寺のサザンカ P112
かみお
白藤の滝の白フジ P52
慶寿寺の枝垂れ桜 P37
東益津地区のコスモス P99
やいづ
島田市ばらの丘公園 P56
蓮華寺池公園のフジ P52
静居寺のボタン P45
ふじえだ
かなや
東海道本線
焼津市
木屋川のサクラ P35
掛川市
しまだ
東海道新幹線
牧之原公園のカタクリ P23
牧之原の茶 P101
吉田
萬年の大サツキ P67
大井川
勝間田公園のミヤマツツジ P43
菊川
相良牧之原
東名高速
吉田町

蕎麦粒山のシロヤシオ P43
大札山のアカヤシオ P44
せんず
岩岳山のアカヤシオ P44
川根本町
小國神社 P128
静岡市
大洞院の紅葉 P109
どうだん原の
ドウダンツツジ P40
362
大井川鉄道
極楽寺のアジサイ P62
玉露の里のサルスベリ P83
岡部のコスモス P98
静居寺のボタン P45
了玄のサクラトンネル P36
いえやま
天徳寺のサザンカ P112
362
香勝寺のキキョウ P78
慶寿寺の枝垂れ桜 P37
1
焼津
藤枝市
大尾山のカイドウ P47
473
森町
東益津地区のコスモス p99
かみお
蓮華寺のハギ P89
島田市
蓮華寺池公園のフジ P52
やいづ
森町歴史民俗資料館のヒガンバナ P92
島田市ばらの丘公園 P56
ふじえだ
牧之原公園のカタクリ P23
東海道本線
焼津市
しまだ
天竜浜名湖鉄道
加茂花菖蒲園 P60
掛川市
東海道新幹線
かなや
えんしゅうもり
龍尾神社の枝垂れ梅 P16
吉田
大井川
牧之原の茶 P101
袋井
菊川
かけがわ
萬年の大サツキ P67
吉田町
掛川
東名高速
相良牧之原
菊川市
牧之原市
ふくろい
袋井市
掛川花鳥園 P124
勝間田公園の
ミヤマツツジ P43
掛川城周辺のスイフヨウ P88
可睡ゆりの園 P68
東光寺のフジ P53
可睡斎ぼたん苑 P45
田市
大鐘家のアジサイ P61
大須賀の御衣黄 P35
松原地区のコスモス P100
新野川沿いのオオキンケイギク P73
桶ヶ谷沼のナノハナ P15
御前崎市
松秀寺のスイレン P72
つつじ公園 P43
本勝寺のアジサイ P62
はまぼう公園のハマボウ P78
シオーネのナノハナ P15
ヒマワリ P86・コスモス P99
磐田農業高校のバラ P57

こわだ
152
カタクリの里
P23
みさくぼ
浦川のソバ P101
473
さくま
豊岡梅園 P11
栄林寺のハクモクレン P20
上善地のヒマワリ P87
県立森林公園の
シラタマホシクサ P90
渋川つつじ公園 P43
はままつフルーツパークのアーモンド P24
257
奥山公園のサクラ P35・アジサイ P62
とんまくの里の
枝垂れ梅 P16
伊平のアジサイ P62
にしかじま
浜松市
301
長楽寺のウメ P8
きが
天竜浜名湖鉄道
152
万葉の森公園 P117
本坂峠のヤブツバキ P23
乎那の峯のマンサク・
三ヶ日桜 P19
三ヶ日
おな
はまきた
遠州鉄道
天竜川
浜松
東名高速
浜松西
ちばた
浜名湖
湖西市
あらいまち
はままつ
はままつフラワーパーク P57・P129
浜名湖ガーデンパーク P130
行興寺・熊野の長フジ P51
竜洋のヒマワリ P87

ス

ソ

チ

ツ

テ

ト

ナ

ノ

ハ

サ

シ

index : 花のさくいん

撮影・取材　鈴木　晃
デザイン　823design　利根川初美

写真・情報提供　静岡県内各市町観光担当課
静岡県内各市町観光協会
静岡県観光協会

写真協力　篠塚浩美、大石幸雄、宇式和輝、戸田どっとこむ
久能山東照宮、龍尾神社、はままつフルーツパーク
江浄寺、河津バガテル公園、はままつフラワーパーク
静岡県立磐田農業高校、加茂花菖蒲園
角萬旅館、静岡市城北浄化センター
果樹研究所カンキツ研究部興津、クレマチスの丘
静岡県環境森林部自然保護室、静岡県立森林公園
イソギクの里、秩父宮記念公園、掛川花鳥園
小國神社、浜名湖ガーデンパーク、安倍川花木園

しずおか花の名所200

2006年3月21日　初版発行
2010年8月7日　第2版発行
著者　静岡新聞社
発行者　松井　純
発行所　静岡新聞社
〒422-8033　静岡市駿河区登呂3-1-1
Tel 054-284-1666

印刷・製本　大日本印刷株式会社

ISBN4-7838-1855-X　C0026
●落丁・乱丁本はお取り替えします。
●定価は表紙に表示してあります。